JN320341

分権時代の地方自治

今川晃
牛山久仁彦 =編
村上順

三省堂

はしがき

　日本の地方分権改革が政治課題として具体的な形をとり始めてからすでに何年が経過したことだろうか。2000年4月の地方分権関連法案（分権一括法）が国会で成立した時から数えても、すでに7年が経過しており、分権改革の成果が問われる段階にある。また、さらに第二次、第三次とも呼ばれる地方分権に向けた取り組みが政治・行政の課題として議論され、政府は三位一体改革の推進や第二次分権推進委員会の設置など、さまざまな取り組みを行っている。
　しかし、地方分権をめぐる熱気は第一次分権改革の時ほどではなく、現職知事が次々と逮捕され、自治体議員や職員の不祥事などで、自治体行政に対する不信感は高まっている。また、行政のみならず、住民にとっても地方分権は意識されず、そもそも地方自治とは何かということへの理解も十分ではないと思える。多くの住民にとって、市役所や県庁は国の省庁の下部機関でしかなく、国－県－市町村の上下関係を前提としたとらえ方がまだまだ横行しているのが現状である。
　本来、地方自治は、日本の政治・行政を効果的に機能させるために、中央－地方それぞれの政府が役割を分担して、地域社会を安全・安心・快適なものにしていくものである。それぞれの政府が住民の意思に基づいて決定をするのであるから、それらの間に上下関係は存在するものではなく、相互の補完と協力によって政策運営がなされるはずであろう。そして、地方分権改革は、官治集権による仕組みをあらため、国－地方関係を分権型のものに組み替えていこうとしたものである。グローバル化と情報化の中で、自治体が権限や財源の委譲で力をつけ、日本の地域社会が本当の意味での国際競争力をつけていくためには、中央政府による護送船団方式や統制的な国－地方関係をあら

ためることが不可欠なのである。

　本書は、そうした地方自治をめぐる改革の取り組みや政策革新をふまえ、最新の自治体理論と政策課題について著した書である。執筆者には自治体政策について、法、行政、財政などの専門家を配置し、最先端の理論と現実を論じていただいた。構成としては、地方自治の基本的な理解として、自治のあゆみから始まり、自治体の基本的な機能としての政策法務と自治体財政、そして近年の重要課題である協働と説明責任について、まず論じられる。具体的な政策分野としては、都市計画、地域福祉、環境政策をとりあげ、それぞれの最先端の理論と現状が示されている。また、そうした地方自治の現場や政策を動かしていくシステムとして、自治体行政組織と自治体政治制度も重要であろう。さらに、自治体市場化の動きや市町村合併による自治体再編成、道州制をめぐる論議は今後の地方自治に大きな影響を与えるものとして注目される。これらの内容について、各章とも、それぞれの分野で自治体現場を知る研究者の理論的・実践的な検討がなされている点を読者には読み取って欲しい。その意味で、本書は、地方自治を学ぶ学部生や院生、さらには自治体行政関係者のテキストとしてあるばかりでなく、本来地域自治を担うべき住民のみなさんにも読んで欲しい地方自治の入門書である。

　本書の刊行にあたっては、執筆者各位にご尽力いただいたばかりでなく、三省堂の鷲尾徹さんに大変なご苦労をいただいた。学務に追われるわれわれのたびたびの遅延にもかかわらず、ねばり強く本書の刊行作業を進めてくださった。鷲尾さんのお力がなければ本書は刊行することができなかった。ここに感謝の意を表したい。また、本書はそれぞれの執筆者の研究の成果であることはいうまでもないが、自治体現場の困難の中で地方自治の強化、確立に努力しておられる自治体職員の方々からの多くの示唆がなければ、意味のあるものにできなかったであろう。厳しい「公務員批判」にさらされながら、地域住民との

協働を模索し、働いておられる自治体職員のみなさんにも研究成果を共有してもらいたいと思う。

　地方分権改革は、まだまだやり進めていかなければならないし、多くの困難を伴っていることも当然である。本書がそうした改革の今後に寄与し、地方自治を学ぶ一助になれば幸いである。

　　2007年6月

編者を代表して
牛山　久仁彦

目　次

はしがき

第1章　地方自治の歴史と地方分権

1　明治憲法下の地方自治法 …………………………………… 12
(1)　自治体のいろいろ　12
(2)　明治21年の市制町村制の制定の背景　13
(3)　市制町村制のあらまし　15
(4)　その後の市制町村制　18

2　日本国憲法下の地方自治法 ………………………………… 19
(1)　機関委任事務の存続　19
(2)　機関委任事務の弊害　23

3　平成の分権改革（新地方自治法）のあらまし ………… 25
(1)　事務区分の改正　25
(2)　国の関与の縮小　28
(3)　国・地方係争処理訴訟　29

第2章　政策法務の法常識

1　自治体法務の通弊 …………………………………………… 34
(1)　争訟化する自治体　35
(2)　法規定上の文言解釈　36

2　行政法というもののなりたち ……………………………… 37
(1)　近代司法法と現代行政法　37
(2)　行法権から行政権へ　38

3　行政の三類型と法解釈モードの違い …………………… 41
(1)　奪う行政（規制行政）　41

(2) 与える行政（給付行政）　43
　　(3) 利害調整行政　44
　4 政策法務の登場と考え方 ……………………………………… 48
　　(1) 法と政策の違い　48
　　(2) 政策主体・統治主体としての自治体　50

第3章　自治体の財政と政府間財政

　1 地方財政と地方税 ……………………………………………… 56
　　(1) 地方財政の収入源　56
　　(2) 地方財政収入に占める地方税　58
　2 政府間財政移転と地方交付税 ………………………………… 59
　　(1) 財政移転のしくみ　59
　　(2) 財政調整財源としての地方交付税　61
　3 分権改革と税源移譲 …………………………………………… 63
　　(1) 税源移譲への道のり　63
　　(2) 税源移譲論の考え方　65
　　(3) 新財源構想と今日の議論の相違点　68
　4 地方財源──海外と日本 ……………………………………… 69
　　(1) 税源配分の国際比較　69
　　(2) 日本の分権型税制改革に向けて　72

第4章　参加・協働型行政と自治体のアカウンタビリティ

　1 行政と住民との関係の構図 …………………………………… 76
　2 「形式的コミュニケーション」から「実質的コミュニケーション」へ ……………………………………………………… 78
　　(1) 広報と住民参加　78
　　(2) 広聴と住民参加　79
　　(3) 住民参加の制度化への課題　81
　3 「実質的コミュニケーション」から協働へ …………………… 82
　　(1) 垂直的関係から水平的関係へ　82

(2)　公共領域の創造と役割分担　84
　4　アカウンタビリティの概念の変化 ·· 85
　　(1)　やさしいアカウンタビリティと難しいアカウンタビリティ　86
　　(2)　ローカル・ガバナンスとアカウンタビリティ　88

第5章　まちづくりと自治体行政

　1　都市計画とまちづくり ·· 92
　　(1)　都市計画行政とは　92
　　(2)　「まちづくり」とは　94
　　(3)　都市計画に期待されるまちづくりの観点　96
　　(4)　「都市計画からまちづくりへ」の背景　99
　2　法令制度と条例等に見られるまちづくりの観点 ········ 101
　　(1)　法定都市計画制度におけるまちづくりの観点　101
　　(2)　条例等によるまちづくりルール　106

第6章　自治体と地域福祉

　1　戦後社会福祉の歴史 ·· 114
　2　社会福祉改革 ·· 115
　3　自治体における福祉政策の現状 ································ 117
　　(1)　高齢者福祉と地方自治体　117
　　(2)　障害者福祉と地方自治体　119
　　(3)　児童福祉と地方自治体　120
　　(4)　地域福祉計画　121
　4　自治体地域福祉新時代 ·· 122
　　(1)　地域福祉の必要性　122
　　(2)　自治体のガバナンス　125
　■　おわりに ·· 129

第7章　自治体環境政策の軌跡と持続可能性

　1　自治体環境政策の発展段階 ·· 133

    (1) 環境政策の世代区分　133
    (2) 高度経済成長期から現代までの動向　134
  2 多次元的な自治体環境政策と持続可能性 ……………………138
    (1) 自治体環境政策と循環型社会　138
    (2) 持続可能性と自治体環境政策の政策空間　141
    (3) 政策統合と総合行政　143
  3 自治体環境政策の手段とマネジメント ……………………144
    (1) 政策手段とその複合　144
    (2) マネジメント・ツールと計画行政　148

第8章　自治体政府の組織と行政システム改革

  1 地方自治体の組織の基本原則と特徴 ……………………………156
    (1) 長の公選制　156
    (2) 執行機関の多元主義　157
    (3) 組織の画一性　158
  2 自治体の長、補助機関、補助組織 ………………………………158
    (1) 長の地位　158
    (2) 長の権限　159
    (3) 長の補助機関　159
    (4) 長の補助組織　160
  3 自治体の職員 ……………………………………………………161
    (1) 地方公務員制度の基本理念　162
    (2) 自治体職員の働き方――職階制の不実施と大部屋主義　162
  4 地方自治体における行政システム改革の背景 …………164
  5 事例――横須賀市の組織制度改革 ……………………………166
    (1) 概要とねらい　166
    (2) 組織の構成と役割に関する変更点　167
    (3) 人事・給与制度上の変更点　168
    (4) 効果と課題　169
  ■　おわりに――改革の方向性と自治体政府の組織のあり方 ……170

第9章　自治体の政治システムと地域政治

1 分権改革で求められる地域の自己決定システム …………178
2 二元代表制と首長・議会 ……………………………………180
　(1) 首長の機能　180
　(2) 議会の機能　182
3 二元代表制の課題と自治体選挙 ……………………………184
　(1) 二元代表制の機能不全　184
　(2) 政党「相乗り」の状況　184
4 地域政治研究のこれまでと今後の課題 ……………………190
　(1) 地域政治をめぐる研究動向　190
　(2) 日本における地域政治の今後とローカルマニフェスト　194

第10章　政府民間関係の変容と公共サービス

1 第三セクターからPFIへ ……………………………………200
　(1) 第三セクター統廃合の加速化　200
　(2) ポスト第三セクターとしてのPFI　201
2 構造改革特区制度 ……………………………………………204
　(1) 特区の概要　204
　(2) 特区の全国展開　205
3 指定管理者と地方独立行政法人 ……………………………208
　(1) 指定管理者制度　208
　(2) 地方独立行政法人制度　210
4 市場化テスト …………………………………………………211
　(1) イギリスにおける強制競争入札(CCT)　211
　(2) 日本における市場化テスト法の制定　212
　(3) 日本における市場化テスト　213
■ おわりに ………………………………………………………216

終章　これからの自治体と地方自治の行方

- **1** 転換期の地方自治 ･･ 220
- **2** 市町村合併と自治体改革 ･････････････････････････････････････ 221
  - (1) 市町村合併をめぐる動向　221
  - (2) 市町村合併の意義と課題　223
  - (3) 合併の手続と法定協議会の役割　225
  - (4) 市町村合併に伴う財政的見通しと合併効果の確立　226
- **3** 自治体再編の今後と住民の自治 ･･･････････････････････････････ 227

参考文献　231

■コラム
- 住民自治体と住民訴訟　30
- 分権時代の自主解釈法務　52
- ヘルスプロモーションの威力　89
- やる気のある多様な主体に向けた「景観法」　111
- 里山保全への市民参加　148
- 団塊の世代とポスト数不足問題　175
- 自治体議員の政務調査費　192
- 公立大学の改革と多様化　214

装丁：岡本　健
組版：木精舎

第 1 章

地方自治の歴史と地方分権

どこの国も、多少なりとも村落自治・都市自治の歴史はあると思われるが、「近代的」地方自治の歴史となると異なる。近代的地方自治とは、①国民国家が、②国土を画し、③その区域内に、一定期間、居住実績をもつ住民を構成員とする集団に、④法人格を認め、⑤その区域内において、一定範囲で住民による自己決定的行財政運営をなすことを法認することで成立するもの、と解されてきた（「領域社団」としての自治体）。こうした意味での近代的地方自治は、日本では、明治21（1888）年4月25日の市制町村制がそれにあたる。そうだとすれば、今日（2007年）まで、119年（戦前57年・戦後62年）の歴史があり、アジア世界ではおそらく最も長い歴史と経験を積んでいることになる。ところが、そうした長い地方自治の経験と実績をもつものの、私たちは、どうしたわけか、必ずしもその歴史の古さを誇ってきたとはいえないように思われる。その原因は、おそらく「機関委任事務」というものにあり、自治体とは名ばかりで、それは長く国の下請け行政団体にとどまっていたことと関係があると思われる。そうした原因をつくったもとが明治21年の市制町村制であったと考えられる。

　そこで、今日「分権時代」といわれる中で、明治憲法下の地方自治法とはどのようなものであったか（読者世代からすれば、玄祖父・曾祖父はどのような人物で、どのような人生であったかを知ろうとするようなもの）、一瞥しておくことは、地方自治とは何か、また、平成の分権改革の成果はどういうものであったか知る意味でもムダではないと思われる。

1　明治憲法下の地方自治法

(1)　自治体のいろいろ

　明治憲法下（戦前）にあっては、日本国憲法下（戦後）のそれとちがって、地方自治は憲法的保障に裏づけられたものではなく、法律伝来的なものであった。また、地方自治も、地方公共団体の種別（県や市町村など）ごとに法定され、自治権の範囲も限定されていた。

　まず、今日、基礎的自治体といわれる市町村の自治権は、「市制」「町

村制」という、今の人には聞き慣れない言葉で法定されていた。「市の自治法」「町村自治法」といった意味をもつものであった。ところが、当初、東京市・大阪市・京都市だけは、「市制中特例」（明治22年）という法律によって一般市なみの自治権は認められず、市長・助役は府知事・書記官が兼務しており、府の直轄市に等しい存在であった。一般市なみに取り扱われることになったのは、明治31年法をまたなければならなかった。その後、これら三大都市は、横浜市・名古屋市・神戸市とともに、「大都市特例」として府県からの独立をめざす運動を開始することになる。これは大正期に入り奏功し、府県の行政監督を一部脱することに成功した（大正11〔1911〕年）。

　明治憲法の下では、市制町村制以外に、「府県制」（東京・大阪・京都府、神奈川県・兵庫県等）、「郡制」（郡の自治法）といったものがあった。もっとも、府県制（明治23〔1890〕年・明治32〔1899〕年）は、官選の府知事・県令を、郡制（明治23年）も官選郡長をいただく不完全自治体であった（ただし、郡制、郡役所は、大正末年（1923年、1926年）までには廃止されてしまった）。また、北海道は、道長官をいただく北海道（議）会法（明治34〔1901〕年）として、沖縄は、沖縄県及島嶼町村制（明治40〔1907〕年）により、府県制・町村制とは別立ての法律によって、自治的行財政運営がある程度認められていた。なお、今日、いわれる「都」は、第二次世界大戦下の昭和18（1943）年に東京府が東京市を飲み込み（東京市の自治の否定）、「都制」として成立したものであった。このように、市町村に比して、府県の自治権は大きく制約されており、明治憲法下においては市制町村制こそが地方自治法の中心であったといえる。

(2) 明治21年の市制町村制の制定の背景

　さて、市制町村制（明治21年）は、時の内務大臣山縣有朋の手によってなったものである。それは明治憲法の制定と国会開設（明治23年）を間近にひかえ昂揚しはじめた中央の民権運動と松方デフレ政策以来の経済政策によって没落した農民・地方不満分子間の連携を断ち切るために法制化されたものであった。山縣は、国会開設に伴って国会内に大挙押

し寄せると思われる自由民権派によって中央政争が引き起こされ、それが地方にも波及することで、明治憲法体制全体がゆらぐことをおそれていた。これを防ぐ手だてとして山縣が構想したものが地方自治制度であった。それは地方名望家層による自然村的共同体秩序の再編成をめざしたもので、これにより、中央政争は町村の非政治的・自然村的共同体秩序（「隣保団結の旧慣の存重」）の前に阻止できると考えたからである。「中央政局異動の余響をして、地方行政に波及せざらしむるの利益」と説かれたものであった。その意味で、市制町村制は、政治的には都市（市）よりも当時人口の圧倒的多数を占めていた町村の自治制度を重視していたものであった。しかし、そうだとすれば、町村の区画は、自然村的な小規模自治体（「自然の一部落」）が予定されるはずであった。ところが、市制町村制に先だって、有力町村の創出のために、大規模な町村合併が強行されたことから知れるように（明治21年の「町村合併標準」）、町村は「中央にそびえたつ強大な集権国家の屋台骨を支えることができる行財政能力を備えたものである必要があった」（大島美津子『明治国家と地域社会』岩波書店、1994年、188頁）。有力町村創出の必要性（今日でいう町村合併の促進による行財政能力の向上）に基づくものであった。いうなれば市制町村制とは「自然村的秩序意識」を基礎に絶対主義的中央集権国家の行財政基盤を地方底辺で支える行政村として誕生したのであった。それは、"自ら治める自己統治"（self-government）としての地方自治ではなく、地方名望家支配の下で"自ずから治まる自治行政"（selbstverwaltung）として出発したものであった。そうした性格は、市制町村制の理念に反映されることになる。すなわち、「今地方ノ制度ヲ改ムルハ即チ政府ノ事務ヲ分任シ又人民ヲシテ之ニ参与セシメ政府ノ繁雑ヲ省キ併セテ人民ノ本務ヲ尽セシメントスルニ在リ」とされ（「市制町村制理由」）、地方住民は、中央政府の仕事を分任（強制的委託請負）することで、その負担を少しでも軽減することが住民の本務をつくす所以であると説かれていたからである。日本の地方自治を特徴づけてきた機関委任事務というものの考えかたは、このときから始まったとみることができるが、それは、民主主義・自由主義の手だてとしての地方自治の

確立よりも帝国主義列強が競い合う過酷な国際社会の中で、国民国家としての自立と統合をこそ優先させようとする、当時にあってやむをえない政治的選択の面があったといえよう。

(3) 市制町村制のあらまし

市制町村制は、近代日本の市と町村に関する初めての総合的体系的地方自治法であって、それとして一つの法律からなる。もっとも、その構成は市制と町村制それぞれ別立てに定められており、市制は全7章133条、町村制は全8章139条からなる（市制にはなくて町村制にあるのは、第6章「町村組合」に関する章で、町村制では、その分、章が繰り下がり全8章になっている）。章立ては、次の通りで、日本国憲法下の地方自治法（昭和22年4月17日法律第67号）と見比べてみれば、章立てにそれほど大きな違いがないことがわかる。

【明治21年　市制】	【昭和22年　地方自治法】
第1章　総則	第1編　総則
第1款　市及其区域	第2編　普通地方公共団体
第2款　市住民及其権利義務	第1章　通則
第3款　市条例	第2章　住民
第2章　市会	第3章　条例及び規則
第1款　組織及選挙	第4章　選挙
第2款　職務権限及処務規程	第5章　直接請求
第3章　市行政	第6章　議会
第1款　市参事会及市吏員の組織選任	第7章　執行機関
第2款　市参事会及市吏員の職務権限及処務規程	第8章　給与
第3款　給料及給与	第9章　財務
第4章　市有財産の管理	第10章　監督
第1款　市有財産及市税	第11章　補則
第2款　市の歳入出予算及決算	第3編　特別地方公共団体及び地方公共団体に関する特例
第5章　特別の財産を有する市区の行政	第1章　特別地方公共団体
第6章　市行政の監督	第2章　地方公共団体の協議会
第7章　附則	

このうち、総則は、「市〔町村〕及其区域」からはじまる（第1章第1款）。これは市町村に法人格を認め（まず、団体ありきの考え方）、次いで町村合併によって画された区域（したがって、その実質において行政区的なもの）を規定したもので、地方自治法の構成と変わりない。「住民」が主体的に自治体を組織・運営するという構成（アメリカのような住民自治体論）はとられていなかった。本章の冒頭に掲げた「近代的地方自治」の定義は、大陸国家（仏・独）の地方自治観によるものである。

　総則中、市町村は条例・規則を定めることができる旨、定められていたが、前者は、公共事務（非権力行政事務）のほか、住民の権利義務関係に関わるものについては、法律（市制町村制）が個別的に認めたもの（議員定数・選挙区の設定、新開地の市税免除、市町村有財産の使用料等の徴収等）と、明文なくして認められるものとあったが、いずれにしても条例の発効のためには上級行政庁（内務大臣など）の許可を要した。戦前の市町村は、今日のように「住民に義務を課し権利を制限する」（現行地方自治法第14条第2項）ような権力行政はできなかった。後者（規則）も、今日の長の規則とは異なり、主に営造物管理規則を意味するものであった。住民の権利義務の制限は、官選の府知事・県令が、「府県令」と称する地方独立命令によって行われていた。

　市町村には議会がおかれたが、議員になるためには、満25歳以上の男子で2年以来その市町村の住民であり、市町村の負担を分任し、地租もしくは直接国税2円以上を納める公民に限られた。選挙権も納税額の多い者（富者）ほど1票の価値が高まる等級選挙制（市は3級選挙、町村は2級選挙）であった。市会の議長は議員の互選により、町村会は町村長が議長となるのが通例であった。

　市の執行機関は市参事会（合議制執行機関）であり、市長・助役・名誉職参事会員で構成される。戦後の地方自治法が市町村長と各種行政委員会からなる構成と異なる。

　市参事会は市長が議長としてこれを代表し、市政事務を担任する。市長そのものは市会が推薦する候補者3人（議員の中から推薦されることが多いが、それ以外の者でもよい）の中から、内務大臣が1人を選び天皇に

上奏して、その裁可を得て任命する。助役の選出も府知事・県令の認可を要した。市参事会員も市会議員の中から選出されるが、国の関与はなかった。市長・助役は有給であった。

これに対し、町村の執行機関は町村長であり、町村会が町村公民の中から選挙し府県知事の認可を受ける。このように市の執行機関が合議制であるのに対し、町村は独任制であることに特色がある。しかも、前述のように町村長は町村議会の議長をも勤めるものとされたが、これは、地方では熟練者・適任者が少ないことのほか、「一人一個ノ責任ヲ以テ行政ノ全体ニ任スル」には、議会と密接な関係をもった方が好都合だとされたからである（「市制町村制理由」）。ところが、このような仕事と責任の重さにも関わらず、町村長は名誉職として無給とされたばかりか、正当な理由なく就任を拒むことはできず、任期中退職した場合には公民権の停止と罰則が加えられることになっていた。名望家と目されるのは面映ゆいということで、謙虚で良識のある人は多く辞退し、このため本人の意向によらない半ば強制就任制に近いしくみになった。

市町村が担任する事務については、公共事務、団体委任事務（市制町村制第2条）、機関委任事務（市制町村制第74条）の区別があった。また、必要事務（市制町村制第88条）と随意事務の分類も行われていた。

事務処理に関する国の関与・監督は、詳細をきわめかつ厳格であった（明治25〔1892〕年5月9日「市町村行政事務監督ノ件」内務大臣訓令第348号など）。これは市町村行政全般に及ぶものであった。

市町村行政の財源（財務）は、主に山林等の不動産、積立金穀等の基本財産からの収入等によるものとし、市町村税は補完的なものとされていた。市町村、とりわけ町村の財産区は、町村合併に伴う副産物であったが、林野財産保有の人的団体（社団）の性格を解消し、これを町村内の一区として地域団体（領域社団）に編成替えできたことは、市制町村制の近代法的性格を示すものであった。共同の事務処理方式としての組合は町村にはあったが市にはなかった。これ（市の組合）が法定されるのは、明治44（1911）年の市制町村制からである。

(4) その後の市制町村制

 こうしてなった市制町村制であったが、明治21年法（旧法）の不備を繕うとともに、都市化の進展に伴い市の重要性が増したことから、明治44年法による全面改正が行われた。明治期の新地方自治法（新法）であった。

 旧法が「市〔町村〕ハ法律上一個人ト均ク権利ヲ有シ義務ヲ負担」すると定めていたのに対し、新法でははっきりと「市〔町村〕ハ法人トス」と明確化した。新法は、市町村会議員とともに市町村長の任期を従来6年であったものをそれぞれ4年に短縮した。さらに、新法は議会に対する市町村長の権限を強化した（現行地方自治法第176条につらなる再議請求権・議会の再選挙権などの法定）。

 旧法で必ずしも明らかでなかった市町村の固有事務の範囲を「法令ノ範囲内」とするとともに、団体委任事務についても「従来法令又ハ慣例ニ依リ及将来勅令ニ依リ市町村ニ属スル事務ヲ処理ス」として、その義務と範囲を明らかにした。機関委任事務についても、旧法の列挙主義（①司法警察補助吏としての職務〔犯罪捜査〕および法令によりその管理に属する地方警察事務、②浦役場の事務〔船舶碇泊の記録、難破船の取扱い、難破港証明書〕、③国の行政ならびに府県の行政にして市町村に属する事務〔国税・府県税・郡費の徴収、徴兵・在郷兵招集・徴発、戸籍、衆議院選挙事務〕）から「法令ノ定ムル所ニ依リ国府県其ノ他公共団体ノ事務ヲ掌ル」と一般的包括的に規定した。

 市制については、とくに、次の諸点が改正された。

 旧法では市参事会（合議体）であったものを市長（独任制）に改め、市政の機動性と責任の所在を明らかにした。市参事会は、副次的議事機関の役割と諮問機関の役割を担うことになった。大都市では、市条例をもって築港、都市計画（市区改正）、電車経営、瓦斯・水道など都市経営に関する事務を任務とする市参与〔専門技術職〕をおくことができるとした。

 さらに、大正14（1925）年には、大正デモクラシーの影響もあって、

国政選挙同様、府県・市町村自治体にあってもそれまでの等級選挙制から「男子普通選挙制」に代わり、また市会・町村会による市長・町村長公選（間接公選）が実現した。しかしながら、普通選挙も治安維持法との抱き合わせによって成立した経緯から知れるように大正デモクラシーも政治的自由（思想・表現の自由）を欠き、参加も「根こそぎ動員体制」（包括的抑圧体制）に仕えることになった。

さらに、昭和18（1943）年、折からの戦時体制に仕えるため中央集権的な再編が行われることになり、市長・町村長公選（間接公選）は廃止され、市会〔町村会〕選出の市長〔町村長〕を内務大臣〔府県知事〕に推薦し、任命される方式に代わった。議会の議決事項も列挙主義に代わり、その権能が限定されることになったのはこのときからであった（地方自治法第96条第1項）。

2　日本国憲法下の地方自治法

(1)　機関委任事務の存続

こうした戦前期の"不完全地方自治"を一新しようとしたものが、戦後改革の一つの達成としての分権改革であった。すなわち、日本国憲法は、明治憲法とちがい、統治の機構の一つとして「地方自治」の章（第8章）を設けることで「地方分権」を鮮明に打ち出す。さらに、戦前のように自治体の種別ごとではなく、「地方自治法」一本で都道府県・市町村の自治権を保障する法制にしたことは、国の恣意的・狙い打ち的な改正を封ずるものとして、アメリカでいう「一般法憲章」の例にならうものであった。そうした戦後改革の最大の柱が、都道府県と市町村の分け隔てない「地方公共団体の長」（憲法第93条第2項）の表現であり、都道府県の完全自治体化（知事公選制）の実現であった。ところが、機関委任事務制度を存続させたことが、戦後改革の限界を画することにもなり、これは知事公選制と密接にからむものであった。

機関委任事務とは、中央省庁（主務大臣）が所管の事務処理を自治体の長やその他の執行機関に委任するもので、この場合、受任庁（自治体

表1-1 明治憲法下と日本国憲法下の地方自治の違い

明治憲法	日本国憲法 (分権改革前)	日本国憲法 (分権改革後)
法律保障的地方自治	憲法保障的地方自治 (憲法92~95条)	同
非権力団体 (隣保共助団体)	権力団体	同
知事官選	知事公選	同
法人絶対性説	法人相対性説 (住民訴訟)	同
機関委任事務 (国の事務として処理)	同	法定受託事務 (自治体の事務として処理)

の長・執行機関)は主務大臣の指揮監督の下にその事務を国の地方出先の下級行政機関として処理するものであった。

　戦前には、国政事務は、府県に団体委任されたものを除けば、府県を統轄し、また代表する官選の知事が処理していた。これには、①法令により中央各省の所管事務とされ、府県知事が内閣総理大臣または各省大臣の指揮監督を受け処理すべきものと、②法令により特段の定めのない限り、知事が単独で処理できる権力行政的な「部内の行政事務」とがあった(地方官官制第5条)。ところが、戦後、府県の完全自治体化と知事公選制が実現した結果、これまで官選知事が処理していた国政事務はどう処理されるべきか問題となった。これについては、二とおりの解決方法がありえた。

　一つは、中央各省が主張しまた現に実行に移したもので、公選知事に対する不信感から、国政事務を国の地方出先機関(地方支分部局。今でいう地方整備局や地方運輸局など)において処理しようとするものである。

　もう一つは、国の事務といえども地方的色彩をもち、地方の利害に関わるものについてはこれを整理し、端的に自治事務とすべきであるというものである。これが、シャウプ勧告(1949年)や神戸勧告(1950年)の考え方で、平成の地方分権論議においても各方面から提言されていたものである。

ところが、1947年3月の国会に提出された地方自治法案は、そのいずれでもなかった。政府原案は、戦前、法令によって地方公務員たる市町村長に国の事務を機関委任していた方式を都道府県知事にも拡大するものであった。そして、こうした方法がとられるべき理由として、次のような説明が行われていた。

　①一つは、中央各省を説得する理由として、国の事務を公選の知事に委任したとしても、知事は国の機関として監督官庁の指揮監督の下に統一的に処理すべきことになるので、各省庁は、わざわざ地方出先機関を設置する必要はないというものである。

　②もう一つは、自治体側を説得する理由として、国政事務といっても府県の区域内で行われるものは、地方的色彩をもち、府県の利害に関係することから、民意が反映されやすいこと、また、このような国政事務が府県から引き上げられ地方出先機関により処理されることになると、自治体が処理すべき事務内容が貧弱なものになり、地方行政の民主化の要請に反するというものである。

　いずれも双方の側を説得する巧（奇）妙な論理により、戦前の国と府県の関係を温存し、国の地方出先機関としての府県の性格を戦後に引き継ごうとするものであった。そこには、国政事務の見直しと国－自治体間の事務再配分の思想は全くみられず、かえって国の事務を処理することが地方行政の分権化と民主化に仕えるという明治憲法下の地方自治観（分任）が示されていた。

　さて、その結果、地方自治法（1947年4月）は、右の政府原案に基づき、都道府県知事は、固有事務（公共事務）および団体委任事務のほか、「①部内の行政事務ならびに②中央各省の所管事務を管理し及びこれを執行する」と規定し、これまで、官選の知事が国の行政官庁として処理していた事務（部内の行政事務）を新たに公選の知事に包括的に機関委任させることになった。ところが、その後すぐ、1947年12月の地方自治法改正により、知事が「部内の行政事務」として処理していた国政事務が、別段の定めがない限り「都道府県の自治事務」とされることになり、自治事務の中に新たに「行政事務」が加えられることとなった。自治事務

の中に、①団体委任事務、②非権力行政的な公共事務（これまで固有事務と称されてきたもの）、③権力行政的な行政事務の三つが数えられるようになり（旧地方自治法第2条第2項）、この時から、自治体は戦前の非権力団体から、戦後は、国と同じ権力団体・統治団体・地方政府になったと評されるようになる。

　それはさておき、これまで知事が処理していた「部内の行政事務」が消滅したことにより、国政事務としては「中央各省の所管事務で法令により府県知事に機関委任された事務」だけが残ることになり、この点で、知事の所管事務は、これまで中央各省の所管事務を機関委任されていた市町村長と同じような立場になった。そして、この場合の機関委任事務の執行を知事・市町村長に強制する方法として「職務執行命令訴訟の制度」（旧第146条→91年改正で旧第151条の2、その後、分権改革で「代執行」として継承。第245条の8）が導入されたのである。

　さらに、1948年7月の地方自治法改正により、自治事務の内容を具体的に例示列挙する規定の中に、国が法令により特別の定めをおくときは自治事務と考えられるものであってもこれを国の事務に切り替え、知事・市町村長に機関委任できるとする但書規定が挿入され、地方自治の実質が損なわれる重大なしくみがセットされた（旧地方自治法第2条第3項但書）。国と自治体間の事務配分を実質的基準によらしめないで、法令でどのようにでも変更できることを可能にしたこの規定と機関委任事務の方式は、地方自治（法）の空洞化をもたらす国側のトロイの木馬となった。そればかりか、この場合の国政事務の監督権限は、戦前において内務省が官選知事に対する人事権の掌握により一元的に行使されていたのに対し、その内務省がGHQ（連合国総司令部）の指令により地方自治法の制定とともに解体されたことで（1947年12月31日、ただし、その後曲折を経て、権限の上で戦前とは比較にならないまでも、1960年、自治省〔今日の総務省の前身〕が設置される）、その後は、この扇のかなめの役割を果たす機関がなくなり、中央各省がそれぞれの思惑から独自に監督権を行使できることになった。これによって、中央各省は国政事務を個々の事務ごとに個別の立法を通じて機関委任し、かつ、直接、自治体に対し指

揮監督権を行使できることとなり（旧第150条）、各省は、すでにある地方出先機関のしくみとともに、もう一つ地方行政支配の有力な手段を得ることになった。日本の地方行政は、戦前の旧内務省による一元的垂直統合型から、戦後は、この中央各省による多元的垂直統合型（バラバラに垂れさがっているので、飲み屋の"縄ノレン"に似ていると形容されることがある）に変化したことになる。

その後、機関委任事務は、高度経済成長期の工業化・都市化の進展に伴い登場してきた都市計画・土地利用、公害・環境、消費者行政等、住民生活に直結する行政分野において激増する。そのことから、ほぼ、都道府県の事務の8割、市町村の事務の4割（ともに事務処理に係る歳出予算比較による）が機関委任事務であるとされ、特に都道府県については、その多さから知れるように、ほとんど国の地方総合出先機関と変わらないものになってしまった。

(2) 機関委任事務の弊害

こうした制度的しくみは、いわば「機関委任事務体制」として、今次分権改革に至るまで続いてきたのであるが、これには、次のような弊害が指摘されていた（地方分権推進委員会中間報告〔1996年3月29日〕）。

①主務大臣が包括的かつ権力的な指揮監督権をもつことにより、国と地方公共団体は、上下・主従の関係におかれることになる。

②知事、市町村長は、地方公共団体の代表者としての役割と国の地方行政機関としての役割という二重の役割を負わされるので、地方公共団体の代表者としての役割に徹しきれない。

③国と地方公共団体との間で行政責任の所在が不明確になり、住民にわかりにくいだけではなく、地域の行政に住民の意向を十分に反映させることができないしくみになっている。

④機関委任事務の執行について、国が一般的な指揮監督権に基づいて瑣末な関与を行うことにより、地方公共団体は、地域の実情に即して裁量的判断をする余地が狭くなっているだけではなく、国との間で報告、協議、申請、許認可、承認等の事務を負担するこ

ととなり、多大な時間とコストの浪費を強いられている。
　⑤機関委任事務制度により、都道府県知事が各省庁に代わって縦割りで市町村長を広く指揮監督する結果、国・都道府県・市町村の縦割りの上下・主従関係による硬直的な行政システムが全国画一的に構築され、地域における総合行政の妨げとなっている。

これに対し、そうした関係が解消されれば、たとえば、次のような帰結が導かれるとする。

　①知事・市町村長が、「国の機関」たる立場から解放され、「地域住民の代表」であり「自治体の首長」であるという本来の立場に徹しきることができるようになれば、知事・市町村長はこれまで以上に地域住民の意向に鋭敏に応答するようになり、地方議会にとっても、その権能が強化され、知事・市町村長に対する監視・牽制・批判機能の重要性が増す。このことは、地域住民による各種の新しい運動の展開を促し、自治への住民参画を促すことになる。民主主義の徹底である。
　②それぞれの地方公共団体による行政サービスが、地域住民の多様なニーズに即応する迅速かつ総合的なものになるとともに、地域住民の自主的な選択に基づいた個性的なものになる。このことは、他面では地方公共団体が相互にその意欲と知恵と能力を競い合う状態を創り出すことになり、そのことがまた地方公共団体の自己改善を促す効果をもつはずである。それぞれの地方公共団体が優先して推進する政策にはこれまで以上に大きな差異が生ずることとなり得るが、それは究極においては地域住民自らによる選択の帰結なのであって、これを不満とする地域住民は批判の矛先を自らが選出した地方議会と首長に向けなければならない。すなわち、地方自治の本旨の実現である。

　こうした弊害の除去と理念の実現をめざし取り組まれたものが、地方分権推進法を受けて制定された地方分権一括法であった（その中心が、新地方自治法である）。

3 平成の分権改革（新地方自治法）のあらまし

　日本国憲法下の地方分権は、戦後改革の一つとして取り組まれたが、機関委任事務体制の存続に象徴される限界もあった。平成に入っての分権改革は、そうした戦後改革の限界を克服・是正しようとして取り組まれたものであった。が、そこでは地方自治の拡充と政治的民主主義の確立という要請だけではない社会経済的な背景と思惑も混在していた。その結果、平成の分権改革についても、これを手放しに評価することはできない一面（市町村合併の強行と道州制論）もあり、限界もあった。

(1) 事務区分の改正

　①国と地方の役割分担が明らかにされた。国は、a) 国家の存立に関わる事務、b) 全国統一的な基準設定事務、c) 全国的規模の施策・事業を担うものとされ（地方自治法第1条の2第2項）、自治体は「住民の福祉の増進を図ることを基本として、地域における行政を自主的かつ総合的に実施する役割を広く担うもの」とされた（第1条の2第1項）。国の事務か自治体の事務かの事務区分につき実質基準が持ち込まれたのであった。さらに、住民に身近な行政（「地域における事務」）はできる限り自治体に委ねることを基本として、自治体に関する制度の策定および施策の実施にあたっては、自治体の自主性・自立性が十分に発揮されるようにしなければならないとされた（第2条第2項）。

　②分権改革により機関委任事務のしくみが廃止され、「法律に定めのある自治事務」（法定自治事務）とされたもののほかは、「法定受託事務」とされた。このうち「自治事務」は、これまで通称であったものが、今回、はじめて法定の呼称となったものである。他方、法定受託事務は「国が本来果たすべき役割に係るものであって、国においてその適正な処理を特に確保する必要があるもの」（第2条第9項第1号〔国の法定受託事務という〕）として、法令により自治体の処理に委ねられたものである。法律伝来的な国の事務ということでは機関委任事務と変わらず、しかも

旧機関委任事務の45％が法定受託事務に配分されたこと（残り55％は、法定自治事務に分類）、そのうえ、法定自治事務にくらべより強い関与を国から受けることから、分権改革の不徹底性（限界）が指摘されているものである。それでも、法定受託事務は「自治事務」とともに「自治体の事務」（第2条第2項・第8項、第98条）として処理できることになったことから、国の関与もこれまでのような機関委任の上下関係・対内関係としてではなく、委託・受託の対等当事者の関係・対外関係において受けとめるべきものに改められたことの意義は大きい。今後は、法定受託事務の増大を招くことがないよう厳しく監視するとともに、国と地方の

表1－2　機関委任事務と法定受託事務の違い

	機関委任事務	法定受託事務
国との関係性	機関委任の上下関係 対内的調整関係	委託・受託の対等関係 対外的調整関係
国の役割と自治体の役割分担を区別する基準	形式的基準 （旧2条3項但書）	実質的基準 ・国家の存立に関わる事務 ・全国統一的基準設定事務 ・全国的規模の施策・事業 （1条の2、2条11項〜13項）
事務の性格	国の事務	自治体の事務 （2条2項・8項、98条）
事　務　量	561個	252個（従来の45％）
地域的裁量判断の有無	△	○
監督・関与の強弱	○	△
是正の指示に対する自治体の可争性		○ （245条の7）
国からの代執行 （職務執行命令訴訟）	○ （旧151条の2）	○ （245条の8）
行政不服審査法による国の裁定的関与	○	○ （255条の2）
都道府県と市町村の関係	市町村長の処分の取消・停止権（旧151条）	○都道府県の法定受託事務 （2条9項2号） ○都道府県の条例受託事務 （252条の17の2）

役割分担を指標として、その法定自治事務化を図る努力が必要となる。

さらに、旧法下では、国の機関委任事務はあっても市区町村が処理すべき"都道府県の機関委任事務"というものはなかった。ところが新地方自治法では、「都道府県が本来果たすべき役割に係るものであって、都道府県においてその適正な処理を特に確保する必要があるもの」として、法令により市区町村の処理に委ねられる都道府県関与の法定受託事務というものが新設された（第2条第9項第2号〔都道府県の法定受託事務という〕）。これまた、都道府県と市区町村の関係の対等・平等の原則という観点からは、やや問題含みの制度である。

③自治事務は、これまで"団体事務"と表現されることもあり、機関委任事務同様、通称にとどまるものであったが、分権改革により「自治事務」に統一され（第2条第8項）、法定されることになった。機関委任事務の廃止とならぶ、今次分権改革の大きな成果である。分権改革により、自治事務は、a)法律に定めのある事務（旧必要事務）と、b)法律に定めのない事務（旧随意事務）に分類されることになったが、自治事務の公式法定化によって、戦前来の必要事務と随意事務の区分の意義も規範的に変化し、随意事務的自治事務こそが、憲法伝来的な自治事務であ

図1-1　分権改革後の事務区分

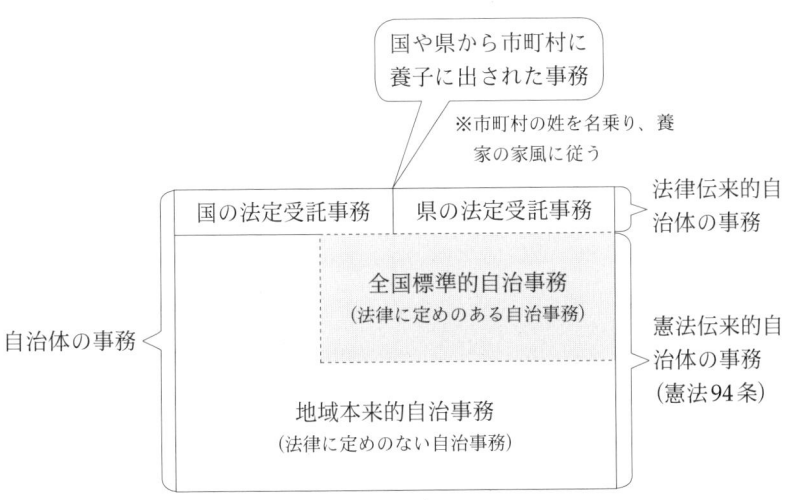

ることを際だたせることになった。そうした意味で、法律に定めのある自治事務・法律に定めのない自治事務は、"法定自治事務"・"法定外自治事務"と呼びならわされているが、分権改革の成果をより明らかにする意味で、内容的に前者を〈全国標準的自治事務〉、後者を〈地域本来的自治事務〉と呼ぶことがふさわしい。いうまでもなく、後者が自治体の事務の中核をなすべきものである。

なお、法定受託事務と法定自治事務とは、いずれも「法定」されたものであるが、地方自治の観点から、両者の法定の意味は異なる。「法定受託事務」は、法律の根拠がなければ、自治体は受託する必要のないものである（授権規範）。国・都道府県が「本来果たすべき役割に係るもので」あるかどうか、「その適正な処理を特に確保する必要がある」かどうか、厳しくチェックする必要がある。これに対し、「法定自治事務」は、そもそも憲法伝来的な自治事務であって、その事務処理の根拠について、法定の必要のないものである。それは自治事務として処理する必要性を強調し、その処理方法についても全国平準性（ナショナル・ミニマム）・標準性（ナショナル・ガイドライン）が求められることから、法定されているものである。

(2) 国の関与の縮小

分権改革の成果として、さらに国の自治体（都道府県の市区町村に対する関与も同じ）に対する関与の縮小・廃止がある。すなわち、①国の自治体に対する関与は必要最小限のものとするとともに自治体の自主性・自立性に配慮しなければならないものとされた（第245条の3）こと。「関与の基本原則」という。②国の自治体に対する関与の基本類型が限定された（第245条）こと。「関与形態の限定列挙主義」と表現できるものである。③国の自治体に対する関与については法律またはこれに基づく政令の根拠を要すること（第245条の2）。「関与の法定主義」という。さらに、④国の自治体に対する関与には、行政手続法（1993年）の申請処理手続や行政指導を規律する諸原則によって律せられるべきこととされた（地方自治法第246条～第250条の5）。これを「関与の公正・透明の原則」

という。

(3) 国・地方係争処理訴訟

　国と自治体間に関与のあり方や内容をめぐってトラブルがおきたときは、自治体側から30日以内に国地方係争処理委員会（都道府県と市区町村間では、自治紛争処理委員）に審査の申出をすることができるようになった（第250条の7、第251条）。さらに自治体が国地方係争処理委員会（市区町村は自治紛争処理委員）の勧告・調停内容に不満がある場合には、同じく30日以内に高等裁判所に出訴することができるようになった（第251条の5、第252条）。高等裁判所の判決如何によっては、国と自治体（都道府県と市町村）双方から最高裁判所に上訴することができる。

　こうしたことから、国と自治体間、都道府県と市区町村間の紛争解決は最終的に裁判所という独立・第三者的な機関の判定に委ねられることになり、国と自治体、都道府県と市区町村の関係は、今や法的に対等なものとなったと評されることになる。これによって、これからは国の自治体、都道府県の市区町村に対する理不尽な指導や指示、さらには同意、許認可・承認等の拒否処分に対しては、自治体は裁判により争うことができることになり、自治権拡充の確かな手がかりを得たことになる（法化分権）。そうしたことから、これからの自治体は国と互角に法律論を闘わせることができるよう法務能力を高める必要があり、住民のしあわせも、そうした自治体の法務能力に多くかかわってくることになる。政策法務の問題である。

| コラム | 住民自治体と住民訴訟 |

　戦前と戦後のちがいは、団体自治の保障のほかに、住民自治の充実ぶりが目立つ。
　①首長公選（憲法第93条第2項）、②直接請求（地方自治法第74条、第75条、第76条、第80条、第81条等）、③住民訴訟制度（地方自治法第242条の2）の導入である。これらはまた、国と自治体のちがいをも際だたせている。議院内閣制（憲法第68条第1項）に対する首長公選（憲法第93条第2項）、議員の代表委任制（mandat representatif）と裏腹の関係にある命令的委任・リコールの禁止（第43条第1項・第51条）に対し、自治体には議会の解散請求・議員の解職請求など直接民主主義的しくみが整っている。これらに対し、このところ大いに活用されてはいるものの、その意義についてそれほど注目されていないものに、住民訴訟制度がある。これは、法人絶対性説を否定するものとして、重要な制度だからである。法人とは人が集って共同の利益を追求するため、団体を結成し、その団体を生身の個人（自然人）のような権利義務関係の主体とするもので、そうした"個人"の意思（団体意思）の所在を対外的・対内的に明らかにするために構成されたものが、法人の機関（議決機関と執行機関）である。そこでは指揮命令の階層制と権限分掌の明確性・厳密性が求められ構築される。これは企業も同様である。したがって、自治体・企業がその名をもって、訴訟を提起しあるいは応訴する場合も、団体を統轄する執行機関の長が、これを代表するのは当然のことである（地方自治法第2条第1項、第147条）。その意味で、団体構成員の一人が、団体の名をもって訴訟（住民訴訟・株主代表訴訟）を提起することは、僭称ともいうべきもので「法人の絶対的性格」（法人実在性説）と相容れないことになる。ところが、そうした法人の代表者も、団体の名において、私利・私欲に走る例も往々

にしてみられる。首長ばかりではない。選良たるべき議員の腐敗、自治体官僚層の独善・授益的濫用処遇（裏金づくりによるヤミ報酬等）を生む。団体構成員の福利のためになるはずの法人が物神化し、団体構成員の利益を損なう疎外現象が生ずる。こうした経験に照らし、英米仏各国は、早くから（フランスでは 1837 年から）住民訴訟制度を考案・整備し、これを受けて、企業についても株主代表訴訟制度を発達させたのであった。それは、商法についていえば「私法人たる会社については、自然人を覆う法人格のヴェールの下に、この者たちが透き通って見え、法人は一つの統一体ではあるが、自然人の集合体という性格が存続している」（レオン・ミシュー『法人格の理論』1909 年）とする表現に見る通りである。これら各国は、その意味で、法人相対性説・法人擬制説をとる（ドイツと戦前の日本は法人絶対性説・実在性説）。巷間、自治体首長・議員・職員をして「自治体」と称することがあるが失当である。「自治体当局者」にすぎない。住民訴訟制度は、自治体というものが住民一人一人からなるものであって、住民による住民のための行政をめざすべきものであることを改めて確認させるものである（ちなみに、大気汚染防止法の上乗せ規制を実現させた有名な東京都公害防止条例（1969 年）は、当時にあってめずらしい「前文」をかかげたものであったが、そこでは「東京都民の自治組織体である東京都は、……あらゆる手段をつくして公害の防止と絶滅をはからなければならない」としていたのであった。）。

　ローカル・ガバメント（Local government）ならぬローカル・ガバナンス（Local governance）とは、コーポーレート・ガバナンスとともに、それが"住民自治体"、"株主共同体"であることを喚起させるものである。国に自治体（地方分権）があり、自治体に住民あり（住民訴訟）とするのが、現代的分節国家構成であるといえよう。

〔村上　順〕

第 2 章

政策法務の法常識

分権改革によって、機関委任事務が廃止され、法定受託事務が新設された。また、国の自治体に対する関与が最小限に抑えられるべきこと、自治体の自主性・自立性が尊重されるべきこと、国の自治体に対する関与をめぐって紛争が生じたときには、国地方係争処理委員会（または自治紛争処理委員）に審査の申出ができるようになり、最終的には裁判によって問題解決が図られるようになった。「法化分権」といわれる変革である。これにより、今後は、自治体が住民の発案・提言を受けて政策決定を行い、その実現に向けて取り組んでいるときに、国・都道府県から不当な関与（是正の指示、要求・勧告）を受けたとき、あるいは民間の事業者から訴訟提起されたとき、自治体は、その適法性を主張し争うことができるだけの毅然たる姿勢と法務能力が求められる。そうでないと住民の期待を裏切ることになろう。

1　自治体法務の通弊

　自治体は、これまで長く続いてきた機関委任事務体制の下で、国の政策を実施するだけの末端行政機関の地位に甘んじてきたところがあった。そうした自治体に、今、にわかに法務能力の向上を求めることにはとまどいがあると思われる。国の下請け行政になずんできた自治体は、機関委任事務であれ、自治事務であれ、事務処理方法に関わって法律問題や疑義が生じたときには、市町村は都道府県に、都道府県は国の所管部局に巨細を問わず照会する慣行が当然のように行われてきたからである（その背景には、中央省庁と自治体の各部課間の縦割り行政的な結びつきがあった）。中央照会型法務・"法務レス"と指摘され揶揄される状況がこれであり、かねて自主解釈法務"マイ法務主義"への転換が求められてきたところである。しかしながら、住民の付託を受け、住民本位の自治体行政を展開するためには、自治体の法務能力の向上と体制整備は、今や喫緊の課題であるといえる。

(1) 争訟化する自治体

　他方、分権改革が行われてきたこの間、目立った動きに自治体住民らによる住民訴訟の提起がある。官官接待不祥事・カラ出張の摘発事件は周知の通りであるが、ここにきて自治体の政策的当否を問う巨額損害賠償請求訴訟事件が相ついでいる。長野士郎岡山県知事を相手どった倉敷チボリ公園事件では、1億7800万円（一審・岡山地判平8年2月27日判時1586号64頁）、2億6300万円（二審・広島高判平13年6月28日判例自治224号62頁）、最高判平16年1月15日（判時1850号30頁）で住民側逆転敗訴、名古屋市世界デザイン博事件では、市長に10億2900万円（一審・名古屋地判平8年12月25日判例自治164号16頁）、2億1000万円（二審・名古屋高判平11年12月27日判例自治200号23頁）、最高判平16年7月13日で差し戻し、下関三セク・関釜フェリー住民訴訟では、市長に8億4500万円（一審・山口地判平10年6月9日判例自治180号19頁）、3億4100万円（二審・広島高判平13年5月29日判例自治224号26頁）の支払いが命じられ、最高裁で逆転敗訴している。京都市ポンポン山訴訟では、市長に、4億6892万円（一審・京都地判平13年1月31日判例自治226号91頁）、26億1257万円（二審・大阪高判平15年2月6日判例自治247号39頁）が言い渡された。太田沖縄県知事を相手どったヤンバルの森林道開設事件では、3億8000万円（一審・那覇地判平15年6月6日判例自治250号46頁）、二審で逆転敗訴・上告中である。三重県名張市斎場移転事件では、市長に、2億7400万円（一審・津地判平16年11月11日）の支払い命令判決がでるなど、枚挙にいとまがない。

　これらは、政策評価訴訟ともいうべきものであるが、そこでは政策立案・実施にあたって、はたして法務スタッフによる充分な助言・検討が行われたかどうか疑問なしとしないものが認められる。国庫補助金がつく事業メニューを選択していれば、法律問題はクリアできると考えるのは、あまりにナーバスにすぎ、住民訴訟の提起は、自治体当局者の心胆を少なからず寒からしむる効果があったはずである。

　このように今や「争訟化する自治体」（阿部昌樹）と語られることがあ

るように、自治体をめぐる法状況は大きく変化している。それにもかかわらず、自治体の動きは鈍いばかりか、法そのものに関する基本的知識が欠けていると思われるような事例もみうけられる。

(2) 法規定上の文言解釈

たとえば、かねて自治基本条例制定の動きが目立っているが、住民がその思いのたけを表現したはずの条例素案について、法制担当者が法令用語として妥当ではないとする注文によって、素案とは似て非なるものができあがったとする怒りの声が多く聞かれる。「憲章」とは異なり「条例」の場合には、より法技術的構成や修正を免れがたいことは、住民もあらかじめ理解しておく必要があるが、自治体の法制担当者にも一半の責任があるといわざるをえない。重箱の隅を好んでつつくような指摘が、あたかもその専門技術性を示すものであるかのような心得違いをしている職員がいるとしたならば、住民の不信と反感をかうだけのことである。

そもそも、ほかならぬ最高裁もいうように「一般に法規は、規定の文言の表現力に限界があるばかりではなく、その性質上多かれ少なかれ抽象性を有し、刑罰法規もその例外をなすものではないから、禁止される行為とそうでない行為との識別を可能ならしめる基準といっても、必ずしも常に絶対的なそれを要求することはできず、合理的な判断を必要とする場合があることを免れない。……通常の判断能力を有する一般人の理解において、具体的場合に当該行為がその適用を受けるものかどうかの判断を可能ならしめるような基準が読みとれるかどうかによってこれを決定すべきである」（最高判昭50年9月10日民集29巻8号489頁）とする「合理的限定解釈」論があるからである。

これは、刑罰法規は、国民の権利・自由を制限するものであることから、規定の文言の適否に細心・周到な注意を払う必要があるが、なお文章・表現上の限界がありうることを述べたものである。しかしながら、自治基本条例のような憲章的・宣言的規定について、字句・文言にあまりにこだわりすぎるのもいかがかと思われる。省庁や都道府県に対するときの卑屈な中央照会型法務と住民に対し専門技術性をことさらに強調

し、実質よりも形式に傾く法令審査は、自治体法務の通弊であるというほかない。分権時代にいたってにわかに興隆してきた政策法務論は、そのアンチ・テーゼをなすものとして必然的なものであったといえよう。さて、その「政策法務」論であるが、私なりには、法解釈モード（「対策」法務から「政策」法務へ）の転換を意識することが大事ではないかと考えている。

2　行政法というもののなりたち

　さて、自治体をめぐる法と制度は、多く"行政法"分野に関わる。ところが、法律というと、民法や刑法を思いうかべるが、これらは、実は"司法法"という分野に属する。そして、法律というと、これら司法法を例にあげやすいのは、明治以降、全国の法学部が主に法曹養成を担ってきたことと関連する。もとより、そのカリキュラムは、司法試験受験科目を中心としてはいるが、今日の法学教育は、法律の素養が一部専門法曹だけではなく、市民的教養として必要性を増してきたことを重視して、"批判的法律学"として成り立ってきている。こうした事情は、行政法においても変わりない。行政法は、中央省庁の専門行政官僚や自治体職員になるための単なる受験科目や統治・管理の法技術ではなく、市民が生み育て、それが広く市民的常識となる"創造的法律学"にしていかなければならない。そのためにも新しい法常識の普及・法学教育が必要となる。

(1)　近代司法法と現代行政法

　法律学といえば六法全書、六法全書といえば法律学というくらい、法律学と六法全書は切っても切れない関係にあることは、周知の通りである。この場合の六法とは、憲法、民法・商法、刑法、民訴法、刑訴法をいう。法律学の代名詞のようにいわれる、これらの六法が法典化されたのは、フランス大革命期の憲法典制定後（ただし、大革命期からナポレオンが登場するまでの10年の間に、フランス憲法は何度か改廃されたが）、ナポ

レオン五法典（民法・商法、刑法、民訴法、刑訴法）のときからである。その成立の時期から了解されるように、これら六法は、近代国家の基本法の意味をもち、資本主義の法規範的枠組みを形づくるものであった。

　すなわち、これらの法律は、きわめて大ざっぱにいえば、なによりも市場での商取引（意思自由の原則に基づく商品交換）を保護しようとするもので、取引内在的なルールを設定し（たとえば、詐欺や強迫、錯誤による取引を取消・無効とするなどの民・商法）、そうしたルールを無視する者には国が刑罰をもって臨むことで（詐欺・強迫などを罰する刑法）、自由かつ公正な市場を確保しようとするものであった。と同時に、国家権力によるそうした法規範の適用が恣意的なものであると、これまた市場の攪乱要因となるおそれがある。そこで、民・商法や刑法を適用する司法権力そのものをコントロールするものとして、民訴法、刑訴法がつくられたのであった。

　したがって、ナポレオン法典に象徴されるフランス・ヨーロッパ近代社会は、市場万能・自由放任の、今日的にいえば"規制緩和・新自由主義"の社会であったことになる。こうした社会では、国家権力の中では立法権・司法権がそれなりの存在意義と役割を担っていたが、行政権は出しゃばってはいけないもの、むしろあってはならないものと考えられていた。そもそも、"行政権"（政〔まつりごと〕を行う）という表現自体がミスリーディングで、"行法権"（司法判決の民・刑事執行にとどまる）ともいうべきものと観念されていた。

(2) 行法権から行政権へ

　こうして出発したはずの近代社会であったが、やはり行政権なしでは不便なことがらも種々でてくる。法律学でいう"市民法から社会法"へといわれる法の変遷である。市場というものは必ずしも市場ルール内在的にその公正を確保することができるわけではないことが社会経験的に知られてくる。そこで、これまた今日いうところの"市場の失敗""市場の暴力"といわれる諸現象に対処するため、児童・女性労働の就業制限・禁止、労働時間の規制や独占禁止などの労働者保護立法や経済規制

諸立法などが制定され、行政権（日本でいえば厚生労働省や公正取引委員会などの諸官庁）が一定の役割を果たすようになる。また、そもそも社会の複雑・高度化とともに、社会生活に行政介入が必要ともなってくる。以下、一例を道路交通法をとって、行政法というものの性格を説明しよう。

　a）道路通行は、昔ならば、徒歩やせいぜい馬車に頼っていたものであったが、歩行中あるいは走行中に人にあたって転倒させケガをさせたような場合は、被害者は加害者に対し、民法の不法行為に基づく損害賠償責任を追及し、また、加害者は刑法の過失致死・傷罪を問われる。これらは人身事故を引き起こしたことで、民刑事責任が問われるものであるが、そうであるからこそ、市民は、道路通行といえども注意深さが求められる。うっかり人を傷つけようものならば、法的に重大な結果を招く、そのことが人々をして日常の行動に慎重になろうとさせるものである。民・刑法は、そうした市民の自制ある行動を期待するものであった（自己責任原則）。

　b）しかし、交通手段の発達により、自動車が一般的な道路交通手段となると、人身事故の頻度が高まり、被害の程度も、歩行者同士、肩がぶつかって転倒したときのケガ程度ではすまないことになる。また、加害者が刑事罰をくらったとしても、被害者（や遺族）がなにがしかの賠償金を得たとしても、死んでしまってはあるいは身体の自由を失ってしまったのでは元も子もない。そこで、そうした人身事故がいまや構造的に（似たような事故が頻繁に）発生しているならば、抜本的な手がうたれなければならない。ここに、社会的危険〔交通事故〕を未然に防止する法としての"行政法"が登場する。その（この法の）一大特徴は「許可制」の中に見出される。たとえば、交通事故を未然に防止するために、車両運転を法律（道路交通法）により一律に禁止し、一定の運転技能を証明した者にだけその本来の行動の自由（道路走行の自由）を回復させるという"運転免許"のしくみである。こうすれば運転技能未熟な者による人身事故をいくらかでも防止できることになり、さらに、免許取得者についても、実害予防的なさまざまな規制、たとえばスピード制限や飲酒

運転の禁止を法定し、実際に人身事故を起こさなくても、そうした法規制に違反しただけで行政的制裁（免許停止・取消処分）や刑事制裁を課し、これによって事故を減らそうとする試みである。

表2－1　行政法と司法法の違い

	近代法	現代法
種　別	司法法（民・刑法）	行政法
理　念	自由	規制
法のシステム	事後的個別的 問題解決型	事前的総合的 問題解決型（＝許可制）
犯罪類型	実害犯・実質犯	形式犯
規範の種別	法益重視	行為規範（パフォーマンス）重視
市民像	自律・自制	行政依存（→過保護・甘え）
権力の所在	司法裁判所 法曹	行政権（立法作用と裁判作用） 行政官僚
行政の役割	事実的法執行作用（行法）	法判断作用（＝裁判作用）
法　系	英米型	大陸型

　c）このように、社会公益目的から市民の行動の自由を制限し、一定の資格・要件を満たした者についてのみ行動制限を解除する旨、定める法律が「行政法」であり、この法律の下で、個々の市民について法定の解除条件を満たしているかどうか（許可に値するかどうか）、また実害予防的な法規制に違反していないかどうか（許可の取消要件にあたらないかどうか）、個別に審査し実行する権限（これを行政処分権限という）を授権されたものが行政権である（ただし、道路交通法違反の科罰権限は、相変わらず裁判所の権限に属する。「司法的強制の原則」という）。こうした法律（たとえば、道路交通法）の下で、仮に行政権が法定要件の細目の設定を授権されているならば、行政権は立法権の一部を自分のものにしたことになり（行政立法権限、たとえば道路交通法施行令や同施行規則など）、また、法に照らし要件事実の認定を行うこと（これを、法判断作用という）で、司法裁判所と同種の裁判行為を行うことにもなる（裁判所の判決にあたるものが、行政庁の処分〔許可、許可の取消・撤回、命令・禁止〕である）。社会

的危険を未然に防止するという建前の下に、市民の諸種の行動の自由・契約の自由を制限するところ、いたるところに行政法がはびこることになり（やれ食品衛生法だ、建築基準法だ、何々法だという事態）、また、規制対象事項の複雑さが増すごとに行政"立法"が生みだされ、許認可権（行政処分権限）の行使という"裁判"作用によって、行政権は、いまや立法権限・裁判権限の一部を取得し、しだいに肥大化していく。行法権は、文字通り「行政権」へと変貌する。他方、市民のほうも、自由を享受する一方で、それが迷惑行為にわたるときには民刑事責任が生ずることを思い自制的行動をとり、他方で、自らの判断で危険回避的な行動もとれる"一人前の市民"から、行政権による危険回避的な様々な規制と保護がなければ、一日たりとも社会生活を送ることができない"半人前の個人"へと「市民像」が変化していくことになる（頻繁にやってくる車検義務やシートベルト着用まで義務づけられるような事態が一例である）。行政権の肥大化と市民の自立性とは、まさに反比例の関係にたつことになる。

3 行政の三類型と法解釈モードの違い

(1) 奪う行政（規制行政）

さて、このように社会的危険を未然に防止する目的で、市民の行動の自由、契約の自由を規制する行政法は、行政法というものの典型をなすものであるが、これは法学的には、司法法、とりわけ刑法に限りなく近い性格をもつ。

すなわち、刑法の罪刑法定主義にあたるものが、行政法では法律による行政の原理あるいは法治主義とよばれるものであり、科罰権力を抑制的に行使すべきことを求められる刑法の謙抑性（けんよくせい）の原則は、行政法では、消極行政の原則にあたる。なお、行政法は、このように刑法の考え方、思想をもとにつくられているが、行政法の体系は、民法の骨格をひきついだものであった。民法は、人（自然人や法人）と人との間の法律行為により、一定の法律効果（権利義務関係）が生まれるという体系をとっているが、行政法も、これにならい行政主体（国や自治体などの法人）に

よる法益主体（市民のような自然人、企業などの法人）に対する行政行為〔行政処分〕により行政上の権利義務関係が生ずるとする体系をとる。

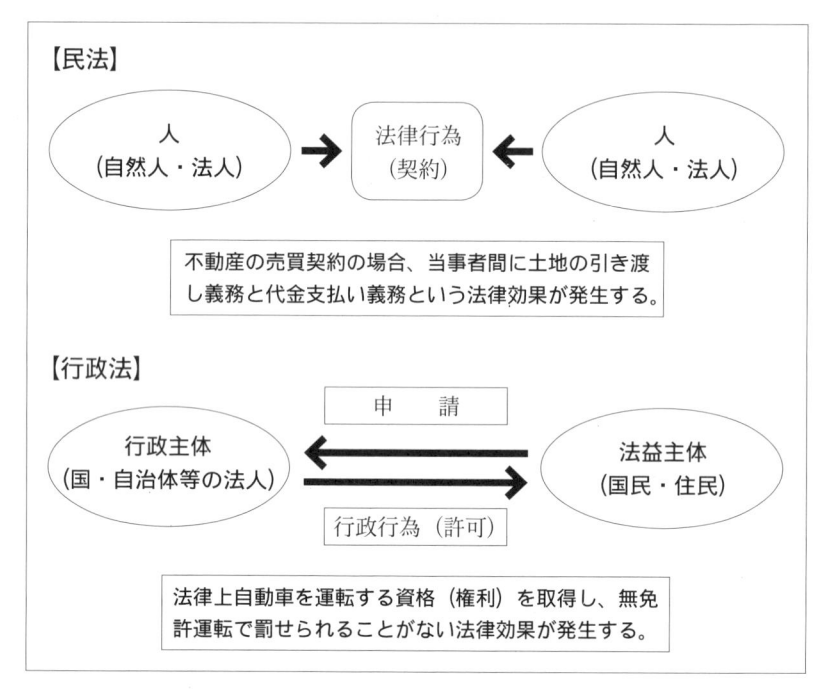

```
【民法】
  人                法律行為              人
(自然人・法人) →   (契約)    ←   (自然人・法人)

  不動産の売買契約の場合、当事者間に土地の引き渡
  し義務と代金支払い義務という法律効果が発生する。

【行政法】
                    申　　請
  行政主体      ←――――――――       法益主体
(国・自治体等の法人) ――――――――→   (国民・住民)
                  行政行為（許可）

  法律上自動車を運転する資格（権利）を取得し、無免
  許運転で罰せられることがない法律効果が発生する。
```

　その意味で、行政法は刑法を父に民法を母にもち生まれたものであった（フランスで生まれた行政法の総論体系の成立については、兼子仁・磯部力・村上順『フランス行政法学史』岩波書店、1990年、171頁以下参照）。これは、社会公益目的に基づくものとはいえ、市民の自由を制限するのは、手続的慎重性とともに真にやむをえない最小限の規制にとどまるべきであり、限られるべきだとする自由主義の考え方を背景にもつ。なお、このように社会公益目的から市民的自由を制限する行政を、"奪う行政"といわれることがあるが、これは市民の法益保護の観点から表現された、それ自体、行政牽制的な意味あいが含まれているものである。また、こうした行政の役割と行政法は、19世紀前半の自由放任の考え方を修正するものとして、19世紀後半以降、はっきりした姿をあらわしてきたものであったが、そこにはなお自由主義的残響が認められるものであった。

(2) 与える行政（給付行政）

ところが、20世紀に入ると行政に新たな役割が加わることになる。それとともに、行政法は司法法としての刑法とは別の法原理がはたらくことになる。

表2－2　行政の三分類

行政目標	行政の内容	国民類型	行政の原理と行為形式
規制行政 （奪う行政）	租税と警察	営業者国民	19世紀後半型行政 自由権／自由主義的法治国 ○消極行政 ○行政処分（許認可行政）
給付行政 （与える行政）	社会保険 社会福祉	労働者 社会的弱者	20世紀前半型行政 生存権／社会的法治国 ○積極行政 ○行政立法・内規（基準設定）
二重効果 規制行政 （利害調整行政）	環境保全 消費者保護	企業 vs. 生活者国民	20世紀後半型行政 生活権／責任行政の原理 ○積極行政 ○行政計画・行政指導 ○地方自治（法律と条例・要綱）

すなわち、20世紀に入ると、国は、自由放任主義をはっきりと放棄し、自立的で自由であるべき市民社会にさまざまな形で介入するようになる。これは、先にのべたような市場の公正な競争を促進するために行われる独占禁止、労働者・中小企業の保護など市場の担い手の利害調整を目的とした経済規制的な方法にとどまらず、電気・ガス・水道等の供給事業や鉄道やバス、郵便などの運輸・通信事業など、私的独占の弊害があやぶまれる経済分野について、国が直接事業経営に乗り出すサービス行政・給付行政の形態をとっても行われるようになる。これはまた、社会秩序維持の狙いをもって行われる社会的弱者（疾病者、老人、児童・寡婦等）に対する金銭給付や扶助等の社会保障行政についても同様である。

これらは、それまでの"奪う行政"（規制行政・権力行政）との比較では、とくに"与える行政"（給付行政・非権力行政）といわれることがある。

ワイマール憲法下の公法学者（フォルストッホフ）は、この新たな役割を担うようになった国家を"社会的法治国"の名で呼ぶことになる。

　ところで、行政のこの新たな役割についても、規制行政に特有の「許可」制のしくみが使われる。たとえば、社会保障行政については、法律により一定の資格・要件を満たした者について、金銭給付や扶助が行われるべきことが定められ、その場合の給付水準等が行政立法の細則に委ねられるとともに、法定の資格・要件の充足が給付決定（行政処分）として行われることになる。この場合の給付決定が、許可そのもののしくみにほかならないものであるが、規制行政では禁止の解除としてあらわれたものが、ここでは利益の付与としてあらわれる違いがある。また、所定の資格要件を満たさない場合に行われる申請拒否処分や不法に取得した給付決定について行われる取消、資格・要件を喪失したことで行われる給付の撤回、生活保護などについて行われる生活改善指導的な命令など、許可のほかにも行政目的達成のために諸種の行政処分が用いられることは同様である。

　このように、規制行政の手法が使われはするが、そこで働く法原理は、規制行政のように市民的自由を最大限尊重する趣旨で行われる消極行政から、むしろ積極サービス・積極給付こそが市民の生存権保障を実質化する所以であるとして、"積極行政の原理"が説かれることになる。最小限規制ではなく、最大限給付（reach outの思想）がそこでの法原理となる。また、給付の根拠も、必ずしも法律・条例にこだわる必要はなく、当面、要綱などの行政内規をもってしても可能だと解されるようになる（生存権保障を確かなものにするため、最終的に法律・条例の根拠が必要）。

(3)　利害調整行政

　第二次世界大戦を経て1960年代に入ると、日本はもとより欧米先進国は高度経済成長を迎えるが、逆に、産業公害や環境破壊など、経済のひずみといわれる諸現象が国際的にも共通の課題となってくる。このとき行政は、新たに"利害調整"の役割を担うようになる。

　利害調整行政は、私的独占の禁止や労働者（労働権）、中小企業（生業

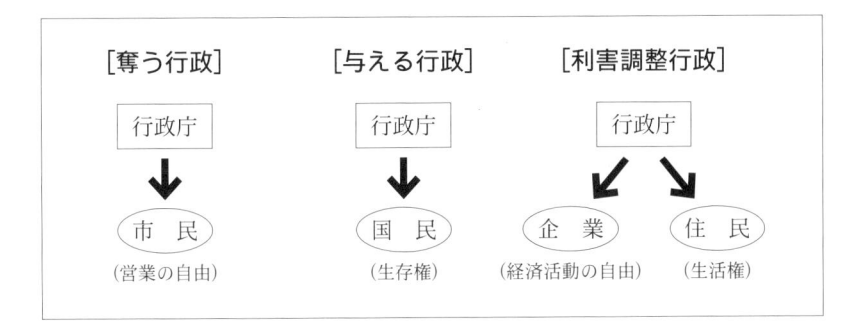

```
[奪う行政]        [与える行政]       [利害調整行政]
  行政庁            行政庁             行政庁
   ↓                 ↓               ↙    ↘
  市 民             国 民            企 業    住 民
 (営業の自由)      (生存権)       (経済活動の自由) (生活権)
```

権）保護など、市場の公正に関わる"経済規制"としても行われてきたが、それはさらに一般市民・消費者の生活権に関わる"社会的規制"の問題として意識されるようになる。わが国で、この問題が意識されるようになった端緒は、四大公害裁判（1960年代後半）のときであった。ここでは、公害被害者は、加害企業を相手どって民法の不法行為責任を問うたが、裁判の過程で水俣病や四日市ぜんそくがこうまでひどくなる前に、なぜ国や自治体は公害企業の取締りなど有効な手を打てなかったのかという思いが世論として広がるようになった。しかし、このときは公害被害者は、国や自治体の公害企業取締行政の不作為（懈怠）責任を問うまでには至らなかった。その責任追及は、1970年代半ばの一連の薬害（スモン・クロロキン・大腿四頭筋萎縮訴訟）・食品公害（カネミ油症）訴訟で問われることになる。薬害・食品公害被害者らは、ここでは加害企業を相手どって民法の不法行為責任を追及したが、同時に国（当時の厚生省）の責任をも問うた。ところが、この後者の訴訟にはいくつかの難しい法律問題があった。

　たとえば、この当時の薬事法（昭和23〔1948〕年法、昭和35〔1960〕年法）には薬の製造許可規定はあったが、副作用被害のモニター（追跡調査）規定や許可の取消規定がなかったことから、法治主義の下では法律に明文の規定がない以上、たとえ副作用被害が明らかになったとしても国は企業に薬の回収措置を命ずることはできないのだとか、仮にそうした規定があったとしても、許可を取り消す・取り消さない、回収措置を命ずる・命じないは行政の自由裁量（「行政便宜主義」という）で、しかもそ

こには消極行政の原則が働き、事態がはっきりするまでは介入できないのだといった理屈により、被害防止の不作為責任をまぬがれようとした。ここでは、司法法としての刑法の原理にならった19世紀的な規制行政の論理（法治主義、消極行政の原則）が、加害企業の経済活動の自由や財産権保障には役立っても、産業公害や薬害・食品公害に苦しむ一般市民の生命・健康、生活環境の保全など、生活権と呼ばれるようになった法益を保護することにはならないことが明らかになった。

　このような事態は、そもそも法原理と社会的基盤の変化のミスマッチに由来するもので、後者が変われば前者も変わってしかるべきはずのものであった（過去と現在の非対称性）。

　すなわち、刑法は、人身の自由の保障の見地から科罰的国家権力の行使については慎重であるべきことが求められているが（法律・条例の文言に正確・詳細・周到性が求められているのはこれによる）、それはもともと人身の自由が市民共通の利害に関わるものだからである。刑法・刑訴法の積極・安易な適用が、仮にひととき被害者の溜飲を下げることはあっても、"明日はわが身"という事態を考えれば、やはり厳正・慎重な法適用こそがもとめられるべきものである。19世紀的規制行政についても、事柄は同じである。社会的危険を未然に防ぐためと称して、積極・安易な適用が行われるならば、ライバル（競争事業者）に対する苛酷な取締りによって、いっとき営業利益をあげることができる事業者も、"明日はわが身"の事態もありうるわけなのでよろこんでばかりはいられない。ここは経済活動・営業の自由の観点から、その厳正・慎重な適用こそが市民共通の利益とならなければならない。このように19世紀的な規制行政は、市民間に加害・被害の"互換性"（立場の入れ替わり）があることを前提に、国家権力行使の謙抑性をこそもとめるものであったが（小規模事業主からなる社会を想定した法原理）、今日では、そうした社会的基盤は失われ、こと経済活動の自由に限っていえば、企業と一般市民との間に共通の利害は存在しない。極端な話、企業はひたすら産業公害や薬害・食品公害、建築公害、開発公害の加害者でありつづけ、一般市民はその生命・健康が損なわれ、環境の悪化に苦しむことになりかねない。

このように、市民社会構成員間に利害の分極化があるときは、行政は、資本家と労働者、大企業と中小企業間の利害調整同様、企業の経済活動の自由と市民の生活権保障との利害調整を行わなければならない。その際、財産と生命・健康との比較衡量からすれば、憲法的価値としても、また、後者（生命・健康）が不可償の権利（お金では本来的な意味でつぐないにならない権利。環境権もそのひとつ）であることからすれば、生活権的法益にシフトした利害調整がもとめられるべきことになる。したがって、薬事行政や食品衛生行政などの場合には、不断のモニターを怠ることなく、副作用被害の報告やきざしがあれば、多少の勇み足があったとしても企業活動取締的な積極行政が行われるべきことになる。1990年代に入っての厚生省薬害エイズ事件は、70年代の薬害・食品公害事件の教訓を学ぶことなく、19世紀的な消極行政を繰り返した結果であった（その後もC型肝炎事件が起きた）。1996年にイギリスで狂牛病が人にも感染することが知られてからも、当時の農林省が肉骨粉を飼料として使用することを禁止せず、行政指導にとどめたのも生産者保護のための消極行政であった。その後（2001年）狂牛病の牛が日本でも発見され、消費者の買い控えにより生産者は大打撃を受けることになった。他方、O-157のカイワレ大根事件は、厚生省が特定の業者のカイワレ大根について警告を発し、それ自体は適切な対応であったものが、カイワレ大根すべてが疑わしいとする一般市民の過剰反応により、積極行政に踏みきった厚生省のせっかくの政策転換（勇断）を無にするおそれがあったものとして課題を残すことになった。これまでのような消極行政にあともどりさせないためにも、市民の側の理解と賢明な行動が必要なことを示すものであった。なお、行政法学についていえば、その後、70年代の薬害・食品公害事件を教訓に、議会主権的な法治主義論に対して国民主権的な「責任行政の原理」論を説くもの、諸外国法制をも参考に行政便宜主義に対する裁量権収縮の理論や裁量権の消極的濫用論が紹介されるなど、利害調整行政における生活権的法益の保護を裏づける学説・判例があらわれるようになる。

4 政策法務の登場と考え方

(1) 法と政策の違い

　ところで、20世紀に入り登場してきた与える行政、利害調整行政は、司法法としての刑法をモデルにした奪う行政とは、消極行政・積極行政の違いのほかにも大きな違いがある。法と政策との違いである。宗教や道徳は、「汝……するなかれ」という戒律の形をとるが、法も基本的に「してはならないこと」を明らかにし、それに違反した者を罰する形式をとる（対策法学）。この場合の法は、市民に向けられたものであると同時に、国についても、権力の濫用を戒める基準ともされる。法定の根拠と要件によらずして市民に不利益を課すことはできないとする罪刑法定主義や法律による行政の原理・法治主義の考え方である。そしてここでは、「してはならないこと」の内容と程度は明確になっていなければならない（法のデジタル的性格、権利の已然性）。その内容が不明確だと市民は当惑し、権力の濫用を招くおそれがあるからである。

　これに対して、政策とは「なすべきことをいかに実現するか」を考えるもので、政策立案者と実施者にその積極的取組みを求めるものである。法が、もっぱら為政者に"不作為"（自制）を求めるのに対して、政策は、為政者に"作為"を求め、市民には政策達成に向けた協力を求める。しかし、政策の実現は国民の福祉や環境保全のような目標を掲げると、その達成は必ずしもみえてこない（政策のアナログ的性格、権利の未然性）。事柄によっては永遠の課題となる。

　さて、この法と政策の違いは、行政の三分類中、奪う行政と与える行政・利害調整行政の違いに帰着する。20世紀型行政である後二者は、行政に不作為を求めるのではなく、作為・積極的施策を求めるものだからである。とりわけ、今現在、市民の関心の高い社会保障・福祉行政や公害防止・環境保全行政がそうである。一体どこまでいったら福祉の実現をみるのか（福祉施設の整備、老人介護の頻度とケアの内容など）、大気や水質はどこまで浄化すればいいのか、ゴールはみえにくい。もちろん、

国がもてるあらゆる人的・物的資源をつぎこめば、達成は可能かもしれないが、そこはそれ"大砲（軍備）とバター（福祉）"の調整や"経済と環境保全"の調和（持続的発展）が求められることになる。政策とは"調整"の別の表現でもある所以であるが、それはまた財源配分の問題でもある。この点、19世紀的規制行政が、「良き行政」を行おうとすれば、ことは簡単である。何もしないこと（規制緩和・新自由主義）が、最善の行政になるからである。公安条例などの撤廃は、市民の表現の自由を保障することになるが、福祉の削減や公害防止条例（環境基本条例）の撤廃は、そうはいかない。その結果、与える行政や利害調整行政に関わる法は、規制行政に比較して輪郭が定かではなく、その意味内容の充塡（権利性の確立）は、政治や市民運動の成果によるところがきわめて大きいことになる。20世紀型行政法が、司法法以上に、行政学や政治学と境界を接することになるのはこのためである。

表2－3　対策法務と政策法務

	対策法務	政策法務
行政の種別	奪う行政	与える行政・利害調整行政
対象となる権利	近代的自由権 （権利の已然性）	現代的生存権・生活権 （権利の未然性）
行政の目標	公共の福祉の維持 （安全の確保・原状回復）	公共の福祉の増進 （快適さの向上・環境改善）
行政の準則	打撃ミスの回避	守備ミスの回避
規範の構造	ルール・ドライブ （かくあるときはかくなすべし）	ミッション・ドライブ （かくあるためにかくなすべし）
規範の内容	権利保護規範	資源配分規範
訴訟類型	紛争解決志向型	政策形成志向型
行政の依拠原理	法治主義	責任行政の原理
法的思考形式	法的厳格主義	法的道具主義から 法的論理構築主義へ
法解釈のスタンス	守りの法解釈	攻めの法解釈
法モデル	刑法親和的 一般行政法	政策法学（阿部泰隆） 特殊法論（兼子仁）

(2) 政策主体・統治主体としての自治体

　ところで、日本では、憲法上、地方自治が保障されていることから、政策主体は、国（中央政府）に限らない。自治体もまた、憲法上、立派な統治主体（権力）だからである（したがって、"地方政府"と呼ばれることがあり、政治学・行政学では、むしろこの呼び方が用いられる）。しかも自治体は、普段、住民に身近に接する立場にあり、また住民も憲法や地方自治法に定められている直接民主主義的なさまざまなしくみ（首長公選制、直接請求、住民監査請求・住民訴訟）を活用して、その要望の政策的実現を地方政府に訴えやすい制度的条件にある。したがって、国（中央政府）と自治体（地方政府）とは、政策の内容について、市民的支持をもとめて競争しあう関係が立つ。

　国が産業界の意向を重視して、福祉水準や環境基準の切り下げを行うことがあれば、その内容に批判的な市民は、自治体を動かし、福祉上積み給付や環境基準の引き上げをはかるといったことも可能であり、その内容がかえってグローバルスタンダード（国際規格）にかなっているといったこともしばしば起こることになる。

　そして、実際にも日本の場合、公害先進国であったこともあって、革新自治体・先進自治体が、国に先駆けて公害防止や環境保全行政を果たし顕著な成果をおさめてきた（東京都公害防止条例、長野県と北海道の自然

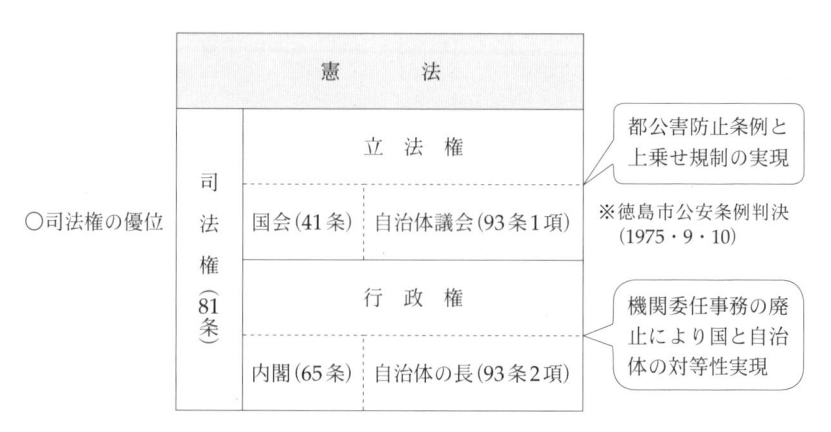

憲　　　法		
司法権（81条）	立　法　権	都公害防止条例と上乗せ規制の実現
	国会(41条) ／ 自治体議会(93条1項)	※徳島市公安条例判決（1975・9・10）
	行　政　権	機関委任事務の廃止により国と自治体の対等性実現
	内閣(65条) ／ 自治体の長(93条2項)	

○司法権の優位

環境保全条例、川崎市の環境アセスメント条例や環境基本条例)。

　また、情報法の分野でも、国に先駆けて情報公開条例や個人情報保護条例の実現をみた。福祉の分野でも例外ではない。しかし、自治体が国に先駆けて積極的な施策を展開しようとすると、そこでは、国の施策内容の法的表現である法令とバッティングすることになる。国の側では自治体条例に遠慮することはないが、自治体のほうでは、そうはいかない。そこでは、政策内容が正しく、また住民世論のバックアップを得ているからといって、その内容が直ちに実現できるとは限らず、地域独自の施策の実施には、法律というハードルを乗りこえる法論理が必要となる。そのおそらく最初のケースが、宅地開発指導要綱ではなかったかと思われる。

　1960年代は、高度経済成長に伴う地方出身者の都市への流入により宅地開発が進んだが、これが地方財政負担、都心の建築公害・日照公害などさまざまな都市問題を引き起こした。そうした問題を解決するためにあるべき都市計画法は、戦前来のそれがやっと改正されたばかりか（都市計画法は大正8〔1919〕年に制定され、戦後の改正は昭和43〔1968〕年)、内容的にも不充分なため問題を解決することはできなかった。しかし、自治体には、地方自治法上、土地利用規制権限はないように解される条文があったことから（旧地方自治法第2条第3項第18号)、窮余の一策として編み出されたものが、兵庫県川西市、神奈川県横浜市や東京都武蔵野市の宅地開発指導要綱であった。これは条例ではなく行政指導（要綱)によって業者の説得を図り乱開発を防止しようとする試みであった。これは、自治体が法令回避的な手立てをもって"法的解決"にあたったケースであった。これに対して、法律とのバッティングもあえて辞さずとして制定されたものに東京都公害防止条例がある。これは、1967年に制定された旧大気汚染防止法では、都民の生命・健康、生活環境保全ができないという理由で、時の美濃部亮吉知事（わが国の公法学の父ともいうべき美濃部達吉博士の次男）が、公害防止条例（1969年）による上乗せ規制を行ったものである（工場設置を届出制から許可制に、濃度規制ではなく、工場単位の総量規制、原・燃料規制など)。これに対して、国の省庁

| コラム | 分権時代の自主解釈法務 |

　法令を適用しようとする際の自治体法務の通弊に、憲法原理や法律の趣旨・目的規定をよくみないで、中央省庁が設定した行政立法・行政内規を無批判に適用する例があげられる。最近のものに、児童扶養手当受給資格喪失事件がある。

　児童扶養手当法第4条第1項（支給要件）は、「都道府県知事は、次の各号のいずれかに該当する児童の母がその児童を監護するとき……は、その母……に対し、児童手当を支給する」として、支給要件を、次のように定めていた。

　①父母が婚姻を解消した児童
　②父が死亡した児童
　③父が重度の障害の状態にある児童
　④父の生死が明らかでない児童
　⑤その他これらに準ずる状態にある児童で政令で定めるもの

　そして、この法第4条第1項第5号を受けて、児童扶養手当法施行令第1条の2は、政令で定める児童とは、次の各号のいずれかに該当する者としていた。

　①父（母が児童を懐胎した当時婚姻の届出をしていないが、その母と事実上婚姻関係と同様の事情にあった者を含む。以下次号において同じ。）が引き続き1年以上遺棄している児童
　②父が法令により1年以上拘禁されている児童
　③母が婚姻によらないで懐胎した児童（ただし、父から認知された場合は除く）
　④前号に該当するかどうかが明らかでない児童

　事案は、原告・母親が児童扶養手当を受けていたところ、その児童が父から認知されたことで、知事が、政令1条の2第3号但書〔下線部参照〕の規定に基づき、母親に対する手当の支給を打ち切ったものである。原告は、父の認知は養育の経済的不安を当然に解消するものではないこと、政令の定めは、法第4条第1項第1号（父母が婚姻を解消した児童）の例に照らし、均衡を失する不合理なものであること（政令の定めによると、母親は認知をとるか、手当をあきらめるかの二者択一が迫られる）、さらに嫡出

子か非嫡出子かで支給要件に差を設けることは、憲法第14条の「法の下の平等」に反するものであることを理由に、受給資格喪失処分の取消しをもとめて出訴した。最高裁判所は、母親の主張を容れ、政令の定めは法の趣旨・目的を誤ったもので違法なものであるとして、原告勝訴の判決を言い渡した（その後、但書は削除された）。

　機関委任事務体制の下で、自治体が中央省庁の設定した行政立法・行政内規を無批判・無条件に法適用することはやむを得なかった部分もあったと考えられるが、分権時代の自治体法務は、そうしたものであってはならない。裁判所（裁判官）が違憲立法審査権・法令審査権をもつのは、司法の独立、すなわち立法・行政と対等な法的地位にあることによる。憲法は「すべて裁判官は、その良心に従ひ独立してその職権を行ひ、この憲法及び法律にのみ拘束される」（第76条第3項）と定めているとおり、裁判官は、行政立法（政令、府省令）の合法性、法律の合憲性をチェックする権能があるが、分権改革により、自治体が国（中央省庁）と対等になったということは、自治体の法適用もまた、裁判所（官）同様の批判的・検討的姿勢（自治体の良心と独立性）がもとめられ、行政立法・行政内規によって設定されている基準それ自体が住民の利益に果たして適っているかどうか、よくよく吟味のうえ行われるべきことになる（ちなみに行政手続法第38条参照）。"自主解釈法務"とは、そうしたものであり（裁判官の目線で、法令をチェックすること）、不合理な法令については、関係自治体間の連携に基づき全国的連合組織（全国知事会・市長会・町村長会、都道府県議会議長会、市議会議長会・町村議会議長会）等を介して「地方自治に影響を及ぼす法律又は政令その他の事項に関し、総務大臣を経由して内閣に対し意見を申し出、又は国会に意見書を提出」できるようでなければならない（地方自治法第263条の3第2項）。

〔村上　順〕

筋から、この条例は法令に違反しているとするクレームがついた。その論拠とされたものが"法令専占理論"と呼ばれるものであった。しかし、この条例に対しては、「スモッグをよそに法律論争」でもあるまい（読売新聞1970〔昭和45〕年2月20日朝刊）といった世論の後押しで成立し、これがきっかけとなって翌1970年には、公害国会が開かれ、そこでの改正大気汚染防止法で条例による上乗せ規制が追認されるようになった。また、その後、公害規制上乗せ条例の適法性をバックアップする学説も登場する。

　こうして川西市、横浜市、武蔵野市の要綱行政、東京都の上乗せ条例などをきっかけに、70年代以降、自治体は住民本位の先進的取組みとそれを支える法論理の開発にはげむことになる。そうして、その過程で、自治体は、「法」の解釈、とりわけ行政法が、司法法的な刑法解釈モードでは充分でないことを意識するようになる。自治体が新たに政策を立案し、その法的裏づけを得ようと庁内の法学部出身者の助言を求めようとすると、こうした人たちはどうしても司法法的刑法＝行政法思考（ガチガチの法治主義・消極行政的な厳格解釈・民事的教条と呼ばれるもの）が頭にあるので、「あッ、それはできないネ。難しいネ」という結論にたどりつきがちである。市町村が県に、自治体が国の所管省庁に助言を求めようとするときもほぼ同じである。こうした司法法モードの解釈姿勢が、どれだけ自治体の先進的取組みに水をさしてきたか想像するにあまりある。しかし、自治体が地域的に独自な行政需要に応えようとするとき、そこでは確立した法論理を裏づけに法定要件を厳正に解釈・適用すべきことが求められているわけではない。もっとも、そうかといって、既存の法論理とその解釈・適用を政策内容にあわせて"軟化"させるべきだというものであってもいけない。法の独自性と役割を否定することになるからである。新たな施策には、新たな法論理の構築が求められているのである。こうした自治体の法律解釈モードの切り替え、新たな政策的取組みには新たな法論理の構築が必要であることの自覚が、90年代以降、"政策法務"の必要性と呼ばれていることの中身なわけである。

第 3 章

自治体の財政と政府間財政

日本の地方税は、平成不況の中でも、国税に比べると安定的に推移してきた。収入がピークの1990年頃と比べ、国税の場合は一時、約7割の水準に落ちたのに対し、地方税は9割程度を維持している。国には景気に影響を受けやすい所得弾力的税源が多いのに対し、自治体、とくに市町村は安定的な固定資産税を主要な財源としていることが主な要因だが、固定資産税評価を実勢価格に近づけるという、評価方法の変更にも起因する。一方、近年の景気対策としての減税が国税を中心に行われてきたことも理由としてあげられる。結果として、租税に占める地方税の割合が大きくなっても、自治体の財源拡充に大きな変化があったわけではなく、地方財政に占める地方税の大きさとしては上昇傾向にはない。

　2003年末に、暫定措置として所得譲与税の創設を決め、三位一体改革はいよいよ税源移譲に向け一歩踏み出され、2004年4月に発表された麻生総務大臣提出プラン、さらに夏の国庫補助負担金等に関する地方6団体案を受け、各省庁の対案提出、政府税調における定率減税廃止など、税源移譲を含む地方税制改革にかかわるさまざまな動きが進行してきた。2007年からは、いよいよ10％比例税率の住民税が導入されている。

　住民生活向上のための分権より財政再建を目的とする分権改革、公共事業重視の財政構造、補助率削減で解決しようとする国庫補助負担金改革は問題であるが、福祉、教育等サービス向上のために、自治体財源確保の問題は避けて通れないものとなっている。

1　地方財政と地方税

(1)　地方財政の収入源

　地方財政収入は、多くの収入源によって構成されるが、主要なものとして、地方税、地方交付税、国庫支出金、地方債がある。日本において、また諸外国の地方財政をみても、これらが主要な財源であることが一般的である。

　ただ、イギリスやドイツなどのように、人件費等日常的経費を経理する経常会計と、耐用年数のある施設、資産を管理する、いわゆる投資的

経費に関わる資本（投資）会計を別個に管理して、地方税等を経常勘定の収入源、地方債等借入れは資本勘定の主要な財源とするような、複式予算のしくみをもつ国もあるが、日本の場合では、これらの財源を一元的に管理している。

2005年度、地方財政の収入額を普通会計によってみると、ほぼ93兆円となっており、そのうち地方税が37.4％、地方交付税が18.2％、国庫支出金が12.7％、地方債が11.2％を占めている。

都道府県と市町村の財政規模については、それぞれほぼ50兆円弱で等しい状況にある。県レベル、市町村レベルとして構成上大きく異なるものには、国庫支出金、都道府県から市区町村への交付金等がある。

国庫支出金は、義務教育費国庫負担金（義務教育教職員の給与に関する補助金）や大規模な公共事業に関する国庫負担金が道府県レベルにあるため、都道府県が3割ほど多い収入となっている。

都道府県支出金、特別区財政調整交付金は、都道府県から市区町村への交付金・補助金であるため、市町村のみに収入がある。特別区財政調整交付金は、かつては納付金と一対のものであり、財源超過の区（都心部の区等）は納付する制度もあったが、2000年の地方自治法改正により交付されるのみとなった。この制度は、地方交付税制度と同様、財政調整制度ではあるが、地方交付税制度が国税の一部を地方団体に配分するものであるのに対し、本来区（市町村レベル）の財源であるべき市町村税を再配分の原資としていることが異なるものである。また、利子割交付金や地方交付税交付金等については、都道府県税の一部を市町村に配分したものである。

次に、地方財政収入を分類する主な方法をみよう。

一つに、小計までを一般財源として、その他特定財源と分ける分類がある。これは、使途が決められているか否かを基準とするものである。財源の中で地方税、地方交付税、地方譲与税等は使い道が決められていないため一般財源となる。一方、国庫支出金、地方債等は明確に決められているため特定財源とする。地域経済や自治体の財政状況に応じて柔軟に資源配分を行うことができるか否か。すなわち財政の硬直性をみる

ことができる。一般財源が多いほうが望ましいということになるが、一般財源といっても、目的税といわれるものも含まれることになる。

また、自主的に財源として集めることができるか否かという観点からは、自主財源と依存財源という分類もある。地方自治の観点からは、自主財源が多いほうが望ましいということになり、この範疇に、地方税、分担金・負担金、使用料・手数料、財産収入、寄付金、諸収入等がある。ただ、自主財源であるから、自治体が自主的に管理、運営できるかというとそうでもない。税率決定について、地方税法等で標準税率が決められ、これを大幅に上回る超過課税や標準税率未満に引き下げることについてはこれまでのところ制約がある。ただ、分権改革の過程でこれらの制約は小さくなりつつある。

(2) 地方財政収入に占める地方税

地方税は、税金のうち、地方自治体が賦課するものであり、地域住民や企業等から強制的に徴収する財源である。地方税法で標準税率や制限税率が規定され、条例によって超過課税等が設定されているものが一般的である。都道府県、市区町村が課税団体となっているが、一部に国が徴収する地方税もある。

日本の地方税は、地方財源として比較的優先順位は高く、運用上も全国的に統一化されているのが特徴である。イギリスでは、地方税は最初に考えるべき財源ではない。一般交付金、特定補助金等、他の財源を検討しつつ、最終的に不足する財源を住民から集める、いわば最後の手段として地方税がある。したがって、徴収すべき地方税の額、それに基づく地方税率は地方自治体によって全く異なる。税率が地方自治体によってかなり異なる国々では、ある程度こうした傾向をもつ。このあたりは、複式予算制度をもち、経常予算について単年度で均衡をめざしていることと関係がある。

一方、日本の場合、各収入源が別個に見積もられ、地方財政計画の中で、統一的に調整される。地方自治体側も、これまでは、他の自治体と大きく異なる税負担、税率を住民に求めることはしないし、サービスも

一様であることが特徴であった。

　地方財政に占める地方税は、長い間、35％を中心に、30％から40％の間を推移してきた。増税なき財政再建路線の中で、補助率のカットが進められ、相対的に地方税のウエイトが高まった昭和の末期には40％を超えることもあったが、それを除くと、多くの期間この水準である。また、バブル崩壊後でも、地方税収入の減少額はそれほど大きくはない。景気対策の多くが国税を通じたものであるためもあり、ピークの36兆円から32兆円へと落ちた程度で、減少幅としては10％強である。第二次分権改革の中では、国税と地方税の配分を6対4から1対1へ動かすことを目指しているが、2007年度の一般会計予算では、国税の規模が53.5兆円、地方財政計画では地方税が40.3兆円。4対3となっている。

2　政府間財政移転と地方交付税

(1)　財政移転のしくみ

　日本における一般交付金（使途の特定されていない財政移転）としては、現在、地方財政調整制度である地方交付税のほか、特定の国税を道路延長等一定の基準で各自治体に配分する地方譲与税等もある。また、東京都の特別区には、特別区財政調整制度があり、本来、市の事務である機能を都が実施し、23区内の税の一部を都と23区で分け合っている。

　国から地方への財政移転は、1977年度に国庫支出金が23.1％、地方交付税が16.8％とかなり国庫支出金のほうが大きく、移転の中心は使途の決められたいわゆる特定補助金（国庫支出金）であった。1987年度に両方とも16％台でほぼ並んだ後逆転し、その後財政移転の中心は地方交付税となっている。地方財政に占める地方交付税の割合にほとんど変化がない一方で、国庫支出金が大幅に下がっているのである。国庫支出金の地方財政上の役割のみが落ちる形で、いわゆる特定補助金から一般補助金への流れができている。

　地方交付税の前身である戦後の地方財政平衡交付金制度は、財源不足額の全額補塡方式により地方団体が自立し、やがて地域格差が縮小する

であろうことを前提としていたとみられるが、実際にはそう推移してきたとはいえない。近年、交付税は全地方団体の95％以上に交付され、不交付団体はわずかに3～4％程度、都道府県レベルでは、東京都のみが不交付団体であるにすぎない状況が続いてきた。歳入、歳出のギャップを埋めるため、地方交付税が大きな位置を占めている。

　1975年の地方財政危機以来、バブルといわれた時期を除きほとんど毎年、地方財政対策として地方債の増発とともに地方交付税総額の積み増しが実施されてきた。長くとられた方法は、交付税譲与税特別会計が資金運用部から借入れを行い、地方交付税を増額するというものであった。ミクロの借入れとしての地方債とマクロの借入れとしての交付税特会借入れにより、国の財政危機とともに地方財政危機も拡大した。平成不況下の近年では、数兆円の借入れが行われ、隠れ借金の一つともいわれてきた。その後、2000年度は民間からの借入れ、2001年度からは、臨時財政対策債が発行され、交付税特別会計の借入れを廃止する方向で改革が進められている。

　一般交付金として、地方交付税のほかに、地方譲与税と地方特例交付金がある。地方交付税は財政調整を主たる機能の一つとしているが、この二つはこうした機能はゼロではないが主な目的としていない。

　地方譲与税は、国税として徴収した特定の税を一定の基準、たとえば自治体の人口、道路の延長、面積などに基づいて配分するものである。平成元年度から8年度までの消費税3％の時代には、消費税額の5分の1が消費譲与税とされていたため、地方譲与税収全体では2兆円規模であったが、9年度から、地方税として地方消費税が導入されるにあたって消費譲与税は廃止されている。したがって、15年度まで次のような5種類、計6,000億円程度に止まっていた。①地方道路譲与税（国が揮発油税を徴収する際に、国税として地方道路税を徴収し、これを都道府県・指定都市（100分の58）と市町村（100分の42）に道路の延長や面積を基準に按分して交付する。使途を道路に限定した道路目的財源）、②石油ガス譲与税（国税の石油ガス税の2分の1を都道府県および指定都市に道路の延長、面積を基準に按分、交付される。道路目的財源）、③自動車重量譲与税（国税である自

動車重量税の3分の1を市町村に、道路の延長、面積を基準に按分、交付される。道路目的財源)、④特別トン譲与税（国税であるトン税とともに特別トン税も徴収し、その全額を開港所在市町村に譲与する)、⑤航空機燃料譲与税（国税である航空機燃料税の13分の2が空港関係の都道府県（5分の4)、市町村（5分の1) に譲与される。空港周辺整備のための目的財源)。さらに、2004年度より2006年度まで、税源移譲に向けた暫定的措置として、所得譲与税が導入され、人口割で配分された。

これらの多くは道路目的財源であるため、予算改革、公共事業削減に向け、一般財源化に向けた議論が高まっている。2002年度予算では、自動車重量税のわずかな部分について特定財源をはずす試みがなされた。

地方特例交付金は、1999年度の恒久的な減税に伴う地方税の一部を補填するため、地方税の代替的性格を有する財源として、将来の税制の抜本的な見直し等が行われるまでの間、国から交付される交付金である。減税に対して地方交付税により補填がなされても、交付税の不交付団体には交付されないため導入された。市町村への交付額は、減収見込額の4分の3に相当する額から、市たばこ税の増収見込額を控除した額となっている。2004、2005年度には、税源移譲予定特例交付金が導入されたが、これもこの範疇に入る。

このほか、市町村収入の中にはさまざまな交付金がある。これら諸支出金は、道府県税の中からその一部を市町村に交付するものである。地方消費税交付金は、都道府県間で清算後の地方消費税額の半分を市町村に交付するものである。

(2) 財政調整財源としての地方交付税

戦後行財政改革の一環として実施されたシャウプ勧告により、1950年、地方財政平衡交付金制度が導入され、現在の財政調整制度である、地方交付税の基礎が作られた。地方財政平衡交付金制度は、合理的基準に基づき算定された、各地方団体の基準財政需要額から基準財政収入額を引いた額を全額国が補填するという、積み上げ方式の無限補助金のしくみであり、財源保障機能を強くもったものであった。この配分につい

ては、中央・地方の代表者を含む地方財政委員会で実施されるといった、戦後民主主義改革としてかなり画期的内容ももっていたが、国の経済再建策の下では、財源をめぐって中央・地方の対立を生じさせたことで十分に機能せず、わずかな期間実施されたのみであった。

1954年、創設された地方交付税は、財政需要に基づいて財源不足額を算定する点では平衡交付金を踏襲していたが、交付税総額については、戦前の地方分与税を踏襲、国税の一定割合にリンクする方式に変わった。

交付税総額は、平成元年度の消費税導入まで所得税、法人税、酒税、いわゆる国税3税の一定割合であったが、その後、消費税と国税のたばこ税が加えられ、国税5税にリンクするものとなっている。算定上の割合については、導入時から10年ほどは毎年のように引き上げられていたが、1966年以来、消費税導入時まで国税3税の32％に固定された。したがって、地方交付税導入後10年間ほどの昭和30年代は、総額が動いたという点で、平衡交付金のなごりがあったともいえる。現在、地方交付税総額は、所得税、酒税の32％、法人税の35.8％、消費税の29.5％、国たばこ税の25％となっている。

各地方団体への配分は、基準財政需要額から基準財政収入額を引いた財源不足額を補填するものである。基準財政需要額は、各行政項目ごとに、測定単位×単位費用×補正係数によって計算される。消防費の場合、測定単位は人口、教育費では、児童数など、単位費用は人口や児童1人当り単価、補正係数は、寒冷地、人口急増地等、地域特性による調整係数となる。

基準財政収入額は、地方税や地方譲与税から算定される地方税収等の見積り額である。算定上、地方税収の一部をはずし、収入合計額を少なく見積もることにより、交付税交付の可能性を増やし、地方団体の留保財源としてきている。地方交付税の前身の地方財政平衡交付金を創設した1950年、留保財源率は一律30％（したがって基準財政収入への算入率は70％）であったが、基準財政需要額の算入範囲の拡大等に伴い、道府県分については1953年度に20％へ、市町村分については1964年度に25％に引き下げられていた。

この度の分権改革の中で、2003年度より、道府県分の留保財源率も25％に引き上げ、市町村と同様となり、すなわち算入率が75％となった。留保財源率の引上げを行う場合は、引上げ分見合いの基準財政需要額を減額することとなる。その減額される需要額は、基準財政需要額による財源保障から離れることとなり、各自治体の留保財源の規模に応じて、それぞれの自治体が対応すべき部分となる。

　平成不況の下で、交付税の財源となる所得税、法人税は税収が下落してきている一方、消費税は上昇してきている。消費税は、1997年度、3％から4％への税率引上げが増収要因となっていることは明らかではあるが、それを別としても、きわめて安定的に推移している状況にある。所得税、法人税は、所得弾力性の高い税源であるがゆえに、不況期には減収要因となる。また、恒久的減税などを中心に、景気対策としての減税が積極的に行われてきたことも税収減に大きく寄与している。

　地方交付税法第6条の3第2項には、普通交付税の総額（法定率を掛けたもの）と財源不足額が「引き続き」「著しく」異なる場合には、地方財政もしくは地方行政に係る制度の改正または交付税率の変更を行うものとなっている。それが継続する場合は財源保障機能を果たさなくなるためである。「引き続き」とは、2年度間過不足の状態が続き3年度以降もその状態が続くもの、「著しく異なる」とは、過不足額が交付税額の1割程度以上になる場合とされている。(1) しかし、実際には交付税率の変更は伴わず、毎年の地方財政対策で対応されてきたのである。

　また、竹中総務大臣（当時）の私的懇談会「地方分権21世紀ビジョン懇談会」報告を受け、2007年度から、交付税の一部に人口・面積基準による新型交付税を導入していくこととなった。これにより、交付税のもつ財源保障機能が後退するのではとの懸念が生じている。

3　分権改革と税源移譲

(1) 税源移譲への道のり

　三位一体改革における具体的税源移譲プランとしては、2002年、お

よび2004年には、経済財政諮問会議において、総務大臣が税源移譲を含む分権プランを提案している。

　2002年5月には、片山総務大臣（当時）が「地方財政の構造改革と税源移譲について（試案）」、いわゆる片山プランを公表している。ここでは、国税：地方税を1：1とするため、所得税から住民税に3兆円、消費税から地方消費税に2.5兆円、合わせて5.5兆円の税源移譲を提案している。住民税は、負担分任の観点にたって、比例税率10％とし、地方消費税については2％に引き上げることになる。この地方税増加分、国税減少分が税源移譲ということになる。

　さらに、2004年4月に発表された「『地方分権推進のための地方財政改革』（『三位一体の改革』について）」、いわゆる麻生プランにおいては、2005年度以降の進め方について、次のようにまとめている。

①改革全体の確実な推進を図るとともに、偏在性の少ない地方税体系を構築する観点から、本格的な税源移譲の規模（約3兆円）・内容（10％比例税率化）を「先行決定」。（図3－1参照）

②補助金削減により移譲すべき額が3兆円に満たない場合は、偏在度の高い他の地方税を国へ逆移譲して調整。

③地方の自由度が大幅に拡大し、税源移譲に結びつくものを中心に、3兆円の国庫補助負担金改革を確実に実施。

④特に、2005（平成17）年度は、施設整備事業に係る国庫補助負担金全体の廃止、義務教育費国庫負担金のうち学校事務職員等に係るものの先行的検討、奨励的国庫補助金の計画的縮減に重点。

⑤2005（平成17）年度は「地域再生」等を進めるため、地方税、地方交付税等の一般財源総額を前年度と同程度の水準に。

⑥交付税算定に行革努力が報われる要素を導入。

　国と地方の税源配分の見直しに関する目標としては、国税：地方税＝1：1を掲げる一方、財政力格差の縮小に向けた取組みとして、法人事業税の分割基準の見直し、その他の財源均てん化方策を講じるとしている。不交付団体に対しては、税源移譲による税源偏在是正の効果をみながら、国庫補助負担金の不交付団体への交付制限や地方譲与税の譲与制

図3－1　住民税改革のイメージ

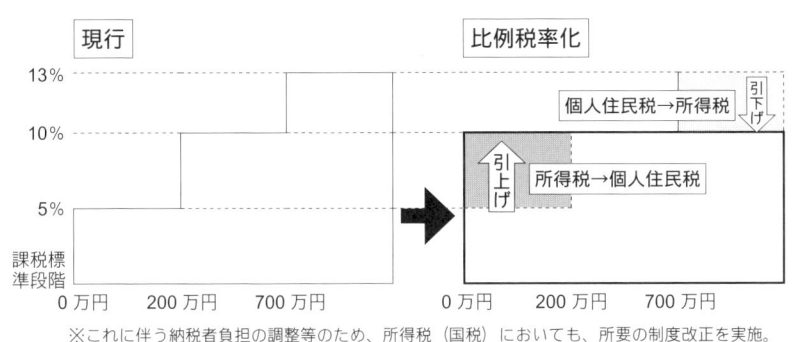

（現行／比例税率化のグラフ：現行は課税標準段階0万円〜200万円で5%、200万〜700万円で10%、700万円超で13%。比例税率化後は一律10%。個人住民税→所得税（引下げ）、所得税→個人住民税（引上げ））

※これに伴う納税者負担の調整等のため、所得税（国税）においても、所要の制度改正を実施。
（出典）『地方分権推進のための地方財政改革』（『三位一体の改革』について）2004年4月

限等を検討するものとなる。

　麻生プランを受け、2004年6月、骨太の方針第4弾では、国庫補助負担金改革を前提に、概ね3兆円規模の税源移譲を行うことが明記された。2006年度までに、所得税から住民税への本格的な税源移譲を実施。応益性や偏在度の縮小を考慮しつつ個人住民税所得割のフラット化を進め、これに合わせて国・地方を通じた個人所得課税の抜本的見直しを行うこととなった。

　2004年度、2005年度には、国庫補助負担金削減および税源移譲へのつなぎとして、暫定的に所得譲与税、税源移譲予定特例交付金を導入、措置するとともに、2006年度にはさらに税源移譲見込額を用いた基準で上積みし、都道府県、市町村合わせて3兆円規模の所得譲与税が譲与されている。2007年度からほぼこの額が個人住民税に組み入れられ、結果として10％（道府県民税4％、市町村民税6％）の比例税率とされる。合わせて、国税の所得税は、現行10、20、30、37％の4段階税率から、総負担水準を考慮して5から40％までの6段階税率になる。

(2) 税源移譲論の考え方

　自治体財政の問題としては、関与の問題とともに、歳入、歳出の差を小さくすることができるが、この格差を埋めるためには、二つの道があ

る。地方の支出を変えるか、地方税を変えるかである。

　地方税を現状のままとするならば、地方財政支出を小さくすることである。

　いわば、イギリス型を目指すわけであり、地方自治体は独自の税が少ないのだから、それに応じて仕事も少なくする、中央集中型の財政システムということになる。明らかに分権化には反し、市町村合併により、自治体の行財政能力を高めようとの方向性にはそぐわない。イギリスでも、税源拡充プランが再三にわたって議論されてきたところであり、税源が少ないことが問題とされてきたところである。

　一方、地方税を増やすことを考えるのであれば、地域格差の是正をしつつも地方が自立的運営をするために必要な税源移譲を行う必要がある。さらに、地域的に格差のでない安定的な財源を確保するための地方税制の構築である。望ましい地方税再構築の方向としては、地方税制自体に格差拡大要因をおかない、交付税の必要性をわざわざ大きくするような部分を極力小さくしていくことである。

　日本のいわゆる住民税は、道府県民税と市町村民税を合わせて呼んだものであり、個人課税と法人課税とからなる。市町村民税は、個人分に均等割と所得割、法人分に均等割、法人税割。道府県民税の個人分に均等割、所得割、法人分に均等割、法人税割がある。個人、法人にかかる均等割は、個人や企業に、一定金額を課税するものであり、個人の所得割、法人の法人税割は、所得や利益（法人税額）の大きさと関係がある。この他、利子割、配当割、株式等譲渡所得割があるが、これらは金融所得に課税される。

　ここでは、住民税収（道府県民税、市町村民税）の3分の2を占める住民税の個人分についてみてみよう。均等割としては、道府県の場合、1,000円で均等であるが、市町村の場合、金額は多くないものの、人口規模と自治体の種類によって2,000円から3,000円まで3段階の標準税率となっていたが、2004年度改正で3,000円に統一され、道府県税と市町村税分を合わせて4,000円となった。所得割については、市町村民税では、3、8、10の3段階税率、道府県民税としては、2、3の2段階税率と

なっている。

　課税標準段階別の納税義務者数を、2005年度の状況からみてみると、200万以下が最も多く、次いで700万以下、700万超と続いている。当然のことながら、道府県としてみれば、ほとんどすべてが700万以下となる。

　表3−1にみるように、700万円超の課税標準段階にある180万人、全納税義務者のわずか3.5％の住民から、市町村レベルで全税収額の36.6％を、道府県レベルでは、全税収額の28.2％を集めることとなっている。一方、200万円以下に位置する3,270万人、納税義務者の63.7％から徴収した市町村民税は、8,200億円、全税収の15.1％を占めるにすぎない。

表3−1　個人住民税の課税標準段階別納税義務者数と税額

(2005年度)

課税標準額	税率（％）	納税義務者数（万人）	税額
市町村民税			
200万円以下の金額	3	3,270	8,200億円
200万円超 700万円以下の金額	8	1,680	2兆6,200億円
700万円超の金額	10	180	1兆9,900億円
計		5,130	5兆4,300億円
道府県民税			
700万円以下の金額	2	4,950	1兆5,500億円
700万円超の金額	3	180	6,100億円
計		5,130	2兆1,600億円

（出典：『市町村税課税状況等の調』総務省自治税務局、2006年）
(注)　納税義務者は10万人単位、納税義務者は100億円単位のため、端数処理されている。

　このことは、高額所得者がいるかどうかが税収確保にいかに大きな影響をもつかを示している。当然のことながら、累進段階の上昇が大きければ大きいほどこの傾向は強くなり、地域の経済格差を超える税収格差がつくことがわかる。比例税率の所得課税であれば、地域格差は、住民

の数と所得水準の高低に比例するだけである。

　町村で第一次産業人口の多い地域であれば、町村民税の最高税率である10％税率、課税標準額700万円超の納税義務者がほんのわずかである一方、大都市では、多くの納税者がここに関わる年収をもつ。また、産業構造や特別徴収によって納税されている住民が多いかどうかもこのことに影響をもつだろう。このように、住民税が累進税率をもつことは、地域格差を拡大するとともに、景気弾力性を高め、不安定性の原因ともなってきた。後者については、長所短所両方をもつことになるが、前者については、財政調整の必要性をわざわざ高めるようにしているシステムとみることもできた。

(3) 新財源構想と今日の議論の相違点

　税源移譲論は、これまで研究者の議論の中で、多々見られてきたところであるが、体系的に整理されたものとして、美濃部都知事時代の東京都新財源構想研究会の議論があった。かつて、選挙で争い、考え方も大きく異なる現石原都知事が、国に財政戦争を仕掛ける時代に、新財源構想の議論と今日の税源移譲論を比較してみることは極めて興味深い。[2]

　新財源構想における現状認識としては、税源配分が「地方が約30％、国が70％」であり、再配分によって「地方が約70％、国が30％」で、「昭和46年度で4兆8,000億円（国税総額の56.8％）もの金額が、わざわざ『国からあたえる財源』として、地方に交付されている」（第2次報告、1973年）。このアンバランスを直すため、国を中心にしている所得課税を地方中心に改革し、所得税と総合的に考慮しつつ個人住民税率の税率を7％から30％（当時4〜18％）までの累進税率とするよう提言している。また、法人税制、金融税制を中心とする不公平税制の改革により国、地方とも増収を図るほか、普通建設事業費の国庫支出金の縮小（1兆円から3兆円）を移譲財源に充てるものとしている。これにより、所得税と個人住民税を5対5にすることが目標とされた。

　基本的部分は、税源移譲、国庫支出金、地方交付税の元祖三位一体改革であったこと、所得税：個人住民税を1：1とすること（現在の改革は

国税：地方税を1：1）など、今日の議論と近い側面をもっている。一方、地方財源を拡充するための税源移譲という点では同様であっても、比例税化でなく累進度を高める方向での改革であること、過疎地を中心に地方交付税を増やす点が異なっている。

　研究会が東京都の委託事業であったことから当然ともいえるが、全体として、大都市部の財源問題を中心とした改革案ではあり、都市部の財源をどう増やしていくかが最大の目的であった。また、国、地方を通じた財源確保により当時問題となり始めていた特例国債を縮小すること、地方債の起債自由化、不公平税制の是正にも注目していた（第5次報告、1976年）。とくに、不公平税制の是正は、財源確保面から大きな位置を占めていたところであった。

4　地方財源──海外と日本

(1)　税源配分の国際比較

　そもそも、税源移譲論は、国と地方の歳入・歳出バランスの違い、すなわち、国税と地方税の収入は6対4、租税としては国のほうが多く集めているのに対し、地方自治体の歳出のほうが大きく、4対6と逆転していることに起因する。この部分は地方交付税、国庫支出金で、財政調整や財源保障を行い、さらに、国債、地方債といった公債で財政運営が行われている。この歳入、歳出の差があまりに大きいことから、国から自治体へ税源移譲、すなわち、国税の一部を地方税として再構成する必要性が出てくることになる。

　実は、租税全体に占める地方税、すなわち、国と地方の税源配分としては、日本の場合、必ずしも国税が多すぎる、よって地方税が少なすぎるということになっているわけではない。むしろ、OECD統計等からは、地方税が大きいほうから数えた方が早い。

　OECD歳入統計の2006年版等によって、総税収に占める州、地方の税収動向についてみよう。この統計では、総税収が連邦国家では、連邦、州、市町村、単一国家では、国、地方団体に配分されている[3]。このほか、

EU（EU加盟国のみ）、社会保障基金への配分がある。1975年から2004年の間、平均値でみると、単一国家についてはそれほど顕著な傾向はみられていないが、連邦国家の地方税比率は概して減少傾向にあり、州、社会保障基金が伸びていることが特徴である。

連邦国家の連邦税は約50％、州税が20％、市町村税が10％ほどとなっている。2004年に州税が大きく、20％を大きく上回る水準にあったのは、カナダの37.9％、2003年より付加価値税（VAT）が導入されすべての州に配分されることになったオーストラリアが27.6％、さらにスイス24.9％、ベルギーの23.8％となっている。市町村税についてみると、スイスの16.0％、アメリカの14.7％が高い水準にある。州税のとくに大きい連邦国家は、市町村の税収が小さく、基礎自治体より州中心の税システムがみられている。

単一国家についてみると、1975年以来、国税比率が61％から64％、地方税比率が12％から13％台となっている。2004年に、地方税がこの平均的水準を大きく上回る国は、デンマークの35.7％、スウェーデンの32.4％、スペイン30.4％、日本25.6％、アイスランド22.5％、フィンランド20.8％等である。このうち、アイスランドについては、社会保障負担がなく、国税と地方税を合わせて100％となっているため、地方税比率の高さは若干割り引いてみる必要があろう。アイスランドの国税比率は77.5％ということであり、この水準はイギリスの国税比率とほぼ同等である。また、デンマークも社会保障負担は少ない。日本の地方税比率は、比較的高い部類に属するが、近年、国税が減少していることもあって社会保障負担比率が急増している。

反対に、連邦国家で州や市町村の税収比率がとくに少ない国として、財源が中央に集中するメキシコの州、市町村税のほか、オーストラリアの市町村税、オーストリアの州税にこの傾向がみられる。単一国家の地方税では、ギリシャ、アイルランド、オランダ等が低い。社会保障負担等を除き国税と地方税のみについて比較すると、国税比率の高いイギリスや、ポルトガル、ニュージーランドの地方税比率もかなり低い水準にあるといえる。ニュージーランドは、長く国税中心型税制をとっている

一方、イギリスについては、1990年、地方事業税（事業レイト）が自治体から国へ税源移譲、地方譲与税化されたのに伴い、地方税が急減し、国税中心型となった。

もちろん、国際比較は、各国の個別の経済、社会、文化的状況を捨象して行われており、そのまま比較することに問題はある。しかし、税源配分でみた地方税割合として、日本の状況がとくに小さいということもできないくらいは、いってもいいだろう。少なくとも数字上は、北欧の次くらいには位置している。こうしてみると、地方税が少ないということより、財政移転と、それに伴う国の関与システムが問題とされる。

さらに、もう一つの問題、（これはあまり知られていないことだが）GDP比でみた租税負担率がOECD30か国、2004年の数値でとうとう後ろから2番目の29位で16.5％、社会保障負担を含めると27位で26.4％（最低はメキシコ）となったことである。最高は、デンマークで47.7％、社会保障負担を含めるとスウェーデンの50.4％である。少子高齢化が急速に進行し、世界でもトップクラスの高齢化率となって、将来への不安が高まっているにもかかわらず、負担だけは異常に少ないのである。

そして、その原因は、よく指摘されるように消費税率がEU諸国より低いことばかりではない。GDP比でみた個人所得税負担率はOECD平均9.1％に対し日本4.7％（下から5番目）。高齢化の進んだ福祉国家は、確かに高税率の付加価値税等を導入しているが、個人所得税の課税にも熱心であることはみておかなければならない。租税負担の大きい国で個人所得税が十分に得られていない国はほとんどない。少子・高齢社会の財源として考えるべきは、消費税ばかりではないのである。地方税としては、地域格差をできるだけつけないため比例税率とし、累進税率部分については、国税としておくことが望ましいものとなる。

また、こうした少ない負担を所与として国と財源をとりあうばかりでは、安心できる生活、コミュニティの形成は難しいと考えるべきであろう。

(2) 日本の分権型税制改革に向けて

　地方交付税は、地方団体間の財政力格差是正と財源保障のため大きな機能を果たしてきた。しかし、その大きさ、そして精緻な制度と機能のゆえに、地方団体の自立に影響がなかったとはいえない。三位一体改革の求めるものはまず、中央から地方への税源移譲により、一般財源としての地方税の位置を高め、自治体の自立を図っていくことであろう。

　その際、望ましい地方税再構築の方向としては、地方税制自体に格差拡大要因をおかない、交付税の必要性をわざわざ大きくするような部分を極力小さくしていくことである。負担分任、地域格差のないものをつきつめていけば、1990年代初頭のイギリスのように人頭税にまでいきつく。納税者と有権者が重なり合うという政治的には極めて興味ある実験ではあったが、単税制度であるがゆえに公平の観点からかなり問題があった。

　そうなれば、現行税制の改革と配置換え。格差拡大要因を減らすため、まずは住民税の累進段階をよりなだらかにする、比例税率のスウェーデン型地方所得税（累進段階部分は国税）を目指すということになる。2007年改革もこの方向での改革であり、偏在性を除去する効果が期待される。さらに、個人単位課税への改革の中で、配偶者にも負担を求めるなど何らかの形での均等割の充実。地方消費税の充実も望ましい方向である。さらに、抜本的改革として考えるのであれば、所得税（国税）の多くを地方に置き、法人2税の一部を国税化することも考慮されるべきである。地方税に多額の企業所得課税を置く国がかなり珍しいことも、みておくべきであろう。現行の負担水準を変えないことばかりに邁進するのではなく、また消費税ばかりをターゲットにするのではなく、所得税を含めた税制の抜本改正をすべきである。

　財政調整財源としての国税の選択については、安定性のある財源が必要という観点からは、消費税の存在は大きい。しかし、地方税に安定性のある税を配置していくならば、当然ながら国税には地域格差のある景気弾力的な税が置かれることとなる。その点からは、財政調整制度を国

税の一定率に厳格に固定するなどあまり硬直的な制度としておくことは、財政調整制度本来の意義を失わせるものとなる。少子高齢化国の先輩であるスウェーデンでは、地方所得税が充実している一方で、財政調整が地方自治の基盤となっている。自治体の努力のみでは解決しにくい構造的格差は、やはり財政調整制度で対応しなくてはならないものといえる。[4]

〈注〉
(1) 岡本全勝『地方交付税――仕組と機能』(1995年、大蔵省印刷局) 77頁。
(2) 山本正雄編『都市財政改革の構想（東京都新財源構想研究会報告集)』(1979年、新地書房) 各章。
(3) Revenue Statistics 1965-2005,OECD,2006.
(4) スウェーデンの財政調整制度には、自治体間での水平的財政調整が組み入れられており、ストックホルムなど一部の大都市部自治体は、単なる不交付団体ではなく納付団体となっている。徴税一元化で地方税徴収も行う国を通じて一部が他の自治体へ配分されることになる。2005年改正の状況は、Kommunalekonomisk utjamning, Finansdepartementet samt Sveriges Kommuner och Landsting,2005.

第4章

参加・協働型行政と自治体のアカウンタビリティ

現在、行政と住民との関係は、転換期にある。第二次世界大戦後、まずは行政から住民への上意下達による情報伝達から、住民と行政との双方向の関係のあり方が求められた。すなわち、双方向のシステムとしての広報・広聴（Public Relations）の概念が普及したことである。しかしながら、この段階では住民は必ずしも自治体の主人公として保障されていたわけではなく、その後、政策過程（政策形成・実施・評価の各過程）への住民参加の必要性の高まりとともに、住民は自治体の主人公として認められていったのであった。さらに、地方分権時代を迎え、NPO等の住民活動が活発になるにつれ、公共サービス主体の多元化という新たな時代を迎えることとなった。このような転換期に、私たちは行政との関係を改めて考察し、新しい関係を構築していく必要に迫られているのである。

1　行政と住民との関係の構図

　本章では行政と住民との関係の変化を概観しつつ、これからの両者のあり方を展望することを目的とする。
　第二次大戦後の地方自治体における統治のシステムは、次のような段階を経て変化してきた。
　まず大前提となっているのは、住民は首長や議員を選挙を通じてコントロールし、議員もしくは議会は行政執行部や行政組織活動をコントロールするという形式合理的なモデルである。もちろん伝家の宝刀としての直接請求制度や首長が指名する住民の代表委員による審議会などを通じて議会や行政の活動をコントロールすることは可能であった。また、行政執行部や行政組織と住民との双方向のコミュニケーション回路として、広報・広聴のシステムがいろいろな形で導入されていったのである。この状況を「住民と行政との形式的コミュニケーション」の段階としよう。
　その後、とりわけ日本の高度経済成長による発展は、公害反対運動や町並み保全運動など「豊かさを問う」動きが住民のレベルから噴出して

きたのであった。この段階に入ると、多様な価値観に基づく問題が住民から提起され、議会と行政との関係においても形式合理性はますます機能不全に陥り、さらに広報・広聴を中心とした「住民と行政との形式的コミュニケーション」だけでは自治体運営はできず、住民と行政活動との実質的な関係のあり方が問われるようになってきた。同時に、とりわけ住民の合意調達の手段として行政各部局が利用してきた自治会・町内会などの地縁団体による地域住民をコントロールする機能には限界が見られるようになり、行政内部の政策形成過程へ住民がどのように関わるべきかが問われるようになってきたのであった。このような状況を打開するために登場したのが住民参加であり、情報公開である。この状況を「住民と行政との実質的コミュニケーション」の段階としておこう。

　ところで、これまでの流れは、公共サービスの提供主体はあくまでも行政側にあることが大前提とされていた。よりよい社会を実現するためには、自治体の各行政部局が私達の生活のすみずみにまで「公共サービス」を提供する主体でなければならないと考えられてきたのである。そのため自治体行政活動は拡大する一方であり財政上も限界に達してきたと同時に、住民の求める「実質的な豊かさ」との間の乖離もしだいに大きくなっていった。さらに、1995年に発生した阪神・淡路大震災を契機に、1998年12月には特定非営利活動促進法（いわゆるNPO法）が施行されるなど公共の領域は行政の独占物ではなく、住民、NPOなど多様なサービス提供主体が考えられるようになってきたのである。こうして、しだいに「住民と行政との協働」段階を迎えつつある。

　以下では、上記の流れに沿って、主要な制度やしくみを中心に解説を行う。なお、アカウンタビリティ（Accountability）については、「説明責任」と訳されるのが一般的であるが、「住民と行政との関係」の変化に伴って、そこに含まれる意味も変化してきているのである。

2 「形式的コミュニケーション」から「実質的コミュニケーション」へ

　住民と行政との「形式的コミュニケーション」から「実質的なコミュニケーション」への移行にとって住民参加は最も重要な考え方である。ただし、住民参加、市民参加、住民参画、市民参画など自治体や論者によって多様な表現が使用されている。まず、市民と住民については、前者は自治体全体の立場にたって自らの権利と義務を積極的に考えて行動する住民を指し、いわゆる地域「エゴ」のような要素を含む住民とは異なることを表現するために区別される場合がある。また、参加と参画については、参加の必要性が提唱された後も依然として広聴と参加を同一視してきた自治体にとっては、単なる広聴とは異なり、行政の政策決定過程へ直接住民（市民）が参加することをあえて強調するために参画という表現を使用するケースが見られる。

　市民と住民との意味の違いなどを認識しておくことは重要であるが、住民という言葉を使用する場合であっても市民形成への努力を前提としているのであり、また住民参加という用語はもともと行政の決定過程への直接参加という意味で生まれたものであるので、ここでは住民参加という表現を使用する。

(1) 広報と住民参加

　第二次大戦後しばらくの間、住民と行政との双方向の回路を形成すること、すなわち広報・広聴は自治体の民主化を保障するものであると考えられてきた。

　広報については、健康診断、予防接種の日程やイベントなどのお知らせ、施設建設計画の概要などさまざまな自治体情報を住民に提供している。広報媒体も、広報紙、ラジオ、テレビのみならず、パソコン上で自治体ホームページを見ることもできる。ただ住民に提供される多くの情報は決定された情報であって、政策形成過程情報を積極的に提供する政

策広報は未だ十分とはいえず、依然として重要課題である。もっとも、近年はITの普及により、行政当局が設定した審議会や各種委員会の審議内容や資料をホームページ上に詳細に公表する自治体も増えつつあり、徐々にではあるが政策情報の領域は拡大しつつある。

　住民間の利害関係が複雑になればなるほど住民自らがいかにその調整過程に乗り出せるかが、住民参加を考える場合の重要なポイントであり、そのために情報公開のみならず、政策広報は重要となる。この政策広報については、情報公開に加えて積極的に情報提供を行う自治体も近年増えつつあり、次第に決定前の情報が住民に提供される方向にある。

　ところで、自治体行政各部局が実施する住民参加手続を公表し、行政各部局の前向きな姿勢を示そうとする自治体もある。たとえば、知多市（愛知県）では、ホームページ上に「市民参画の予定案件一覧」を公表している。この一覧の項目は、案件名、市民参画手続の内容、公表日、担当課、備考、市民参画の結果である。特徴としては、実施予定案件の事前公表（年度当初に公表することによって市民に対して計画や事業の決定を市民参画により行うことを約束する）、効果的な市民参画手法の選択と実施、実施結果の公表の3点がホームページ上で述べられている。このような参加手続の公表は、住民とともに参加のあり方を考えるきっかけにもなり、これからの広報の一つの重要な役割といえよう。また、市民参加推進条例などの普及により浦安市（千葉県）のように詳細な『市民参加推進計画』を定める自治体も登場し出している。

(2)　広聴と住民参加

　広聴と住民参加との差違については、住民参加論の第一人者である佐藤竺氏の次の言葉が端的にあらわしている。「住民参加の現代的意義は、わが国の場合、とりわけ行政の客体＝被支配者にすぎなかった住民が、いまや180度転換して、その主人公＝支配者にふさわしく、責任をもって行政に主体的にかかわっていくことにみいだされなければならない。したがって、ただ単に行政に意見を述べるとか、その執行の手伝いをするといった程度のものを住民参加と呼ぶわけにはいかない。住民参加と

は、たとえば住民の利害が対立して簡単に調整がつかず、事業が進まないごみ処理場の建設に対して、住民が他人事のような傍観者の立場をとることなく、積極的にその調整に乗り出して主人公としての責任を果たすといったことを指すのである」。

このように住民参加と比較した場合に広聴は、あくまでも判断の主体は行政内部にあるのであって、住民から「聞きっぱなし」という批判が今でも聞かれることがある。しかしながら、住民の声をきっかけに行政内部の住民への応答性を高め、公正、公平な行政運営へ改善するなどの体質改善を自律的に行うという点では、広聴機能は行政組織にとって不可欠である。

広聴機能が発展するためには、次の課題を乗り越えていかなければならない。

第一に、住民の声によって当該担当部署が短期間に対応できる軽微なものであれば問題はないが、長期的視点に立って改善する必要がある場合に、住民の声を分析し、改革提言を行う部署を設け、将来の政策、施策や予算に反映する何らかのシステムが確立されている自治体はほとんどないといっても過言ではないであろう。

たとえば、アンケート調査についても、その結果が政策や施策などに、どのように、どの程度反映されているかは、不鮮明であった。さらに、類似したアンケートが度重なって行われる場合もあり、アンケートの目的が住民から不鮮明に見えることもあった。こうしたことの反省から、近年アンケート調査結果を政策や施策などに反映させるため、当事者参加など積極的に住民参加の方式を取り入れてアンケート項目の設定を行い、アンケート結果の効果を高めるなどの努力も行われるようになってきた。

第二に、社会的弱者にとっては、全体から見れば声の比率も少ない場合が多く、行政内部へ広聴の結果を反映することは困難であると考えられる。そのような状況が見られるとすれば、行政機関から調査、提言・勧告機能の独立性を保持した第三者機関、すなわち公的オンブズマン制度の設置などを検討すべきであろう。

(3) 住民参加の制度化への課題

　近年、自治基本条例、まちづくり基本条例を定める自治体も徐々に増えつつある。こうした条例の多くは、住民投票の規定を設けている。住民投票制度自体は、首長や議会による形式的合理性が十分に機能しない状況下で重大な課題が発生した場合に、住民の判断を求め、首長や議会の決定に影響を及ぼすことを目的とした民主的な制度である。ところが、一面では住民投票制度は一つの論点を巡って賛否を争うのが通常であり、住民に十分な学習過程が提供されない限り、感情論などに左右される可能性も高いのであり、前段階としての住民参加がどの程度行われたのかが問われるのである。

　また、パブリック・コメントという言葉も「流行語」のように使用される傾向にある。しかしながら、形式的な運用が行われているとすれば、従来の広聴機能と変わらないものとなってしまい、パブリック・コメントという「美名」が住民参加を行ったような大義名分を与えてしまうことになりかねないのである。パブリック・コメントとして機能するためには、対象となった案の形成過程でどのように住民参加が行われたのか、パブリック・コメントで出された住民の声に対して適切な回答をしているかどうか、パブリック・コメントの結果によっては廃止や変更の可能性があるのかないのか、そもそも横須賀市（神奈川県）のように政策形成過程の各段階におけるパブリック・コメントの積極的運用の可能性等が重要な判断基準となるであろう。

　さらには、住民参加の手段として、ワークショップが多様な形で展開され、その中でKJ（川喜田二郎）法やガリバーマップづくり等の手法が取り入れられている。住民参加が全国的に普及するにつれ、住民参加の必要性を唱える時代から具体的な手法を導入する時代に入ったと見ることができる。それだけに、ワークショップがガス抜きとして形式的に行われるならば、住民参加そのものが形骸化する可能性もある。

　これまで述べてきた例を参考に考えれば、住民参加の制度化の範囲については、慎重に議論する必要があるであろう。住民参加の制度をより

有効に機能させるためには、住民の学習過程など、多様な自治環境の成熟化も必要なのである。

3 「実質的コミュニケーション」から協働へ

前述してきたように「実質的コミュニケーション」の要は住民参加である。そこで、この住民参加と協働との関係について整理しておこう。住民参加は住民の主体性を前提とするものの、行政の決定過程等への参加であり、基本的に行政側からの設定があって機能するしくみである。ところが協働という場合には、行政部局とNPOなどの住民団体が相互の主体性を尊重し特性を活かして連携し、あるいは役割分担をして取り組み、課題を解決することを意味する。したがって、協働というためには、それぞれの主体が対等であることが大前提となる。(2)

(1) 垂直的関係から水平的関係へ

従来、自治会・町内会などの地縁団体は、行政各部局と相互依存関係にあったといえよう。たとえば、自治会・町内会は、住民への各種伝達業務をはじめ行政各部局から多くの委託業務を抱えている。さらに、行政各部局は道路やごみの焼却処理施設建設などの際、地域住民からの同意を得る手段として自治会・町内会を利用してきた。自治会・町内会も行政各部局と「太いパイプ」を築いてきたことで、地元の要求や要望をかなえる手段として、当該行政部局を利用してきた。この持ちつ持たれつの相互依存関係を垂直的関係と呼んでおこう（この垂直的関係と後に述べる水平的関係については、図4－1を参照）。

ところが、この関係にはいくつかのひずみが生じてきたのである。たとえば、ごみ焼却処分場建設計画に地元自治会・町内会の役員が同意したとしても、周辺一般住民にとっては寝耳に水であり、反対運動が起きることもある。周辺住民の同意が得られやすいと考えられてきた公園建設ですら、自治会・町内会役員が同意した後に周辺一般市民が公園計画に反対したケースがある。これらは、垂直的関係に限界が生じつつあり、

住民相互で利害調整や計画などの提案ができるしくみが求められてきたことを示している。

　NPOでさえも例外ではなく、行政から委託を受けるとNPO組織維持のために当該委託事業運営自体が目的となってしまい、次第に当該行政部局との垂直的関係を強固なものにしていくようになる。また、NPOの本来の活動目的を早期に実現しようとするために、当該行政部局との関係を密にすることをNPO自体が望むケースも見られ、個々のNPOと当該行政部局との垂直的関係は、自治会・町内会の場合と同様に、相互依存関係を強固にしていく傾向にあるのである。

　こうなってくると、行政部局など各主体双方の対等性を前提とした協働関係の構築は困難になる。つまり、自治会・町内会にしろNPOにしろ、個々に当該行政部局と相互依存関係をもつようになると政策・施策などの形成過程における利害調整の主導権は行政の側にあり、対等性というより上下関係の側面も見え隠れする。このような状況を打開するためには、住民の側に調整機能を移行させる必要があり、そのためには住民相互が自律して調整する水平的関係を育てることが必要になる。

　この水平的関係が構築されなければ、行政部局と対等な関係に立つことは困難である。このような住民相互の水平的調整関係は協働関係の基盤であると同時に、住民参加の重要なポイントであったと考えられる。先に引用した住民参加論の第一人者である佐藤竺氏の言葉を確認すればわかるように、住民が自ら相互の利害調整機能を有するがゆえに、実質的に政策形成に関わることになり政策形成過程への直接参加が可能となるのである。協働の基盤形成のためには、住民参加論から学ぶところは多いのである。この住民相互の水平的関係が成長すれば、住民と行政部局との対等性は高まり、双方の協働関係が形成される。

　たとえば、行政の下請けなど、とかく批判の対象となった自治会・町内会の中には、陋習を打破し新たな活性化の試みを展開し出したところもある。自治会・町内会だけでは地域課題を解決できない場合に、自治会・町内会が一定の範囲でNPOに高齢者対策などの事業の委託を行い、自治会・町内会とNPOとの連携を始めたところもある。また、自治会

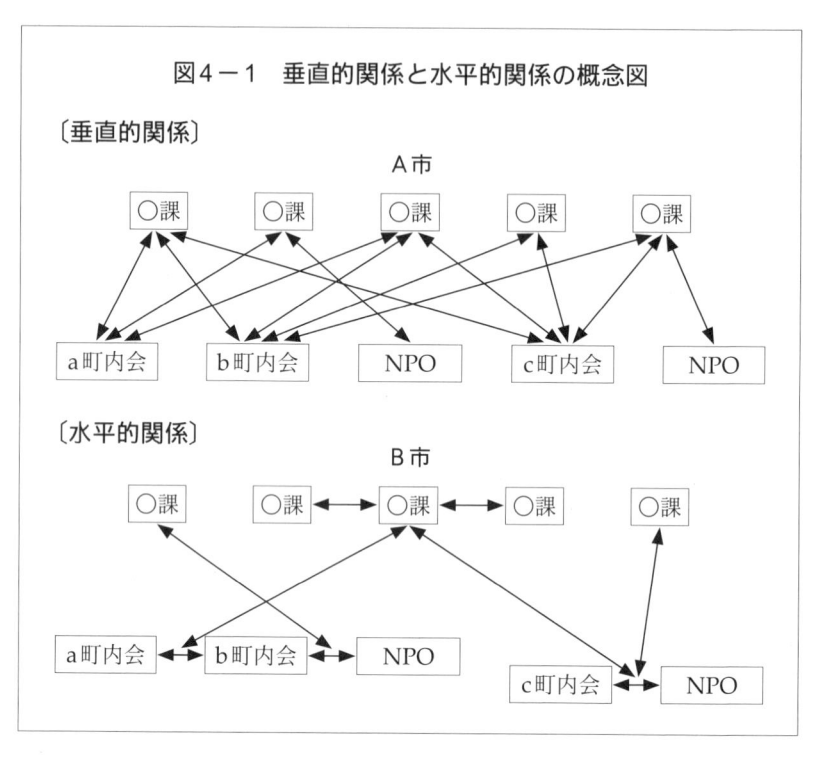

図4－1 垂直的関係と水平的関係の概念図

〔垂直的関係〕
A市
○課　○課　○課　○課　○課
a町内会　b町内会　NPO　c町内会　NPO

〔水平的関係〕
B市
○課　○課　○課　○課　○課
a町内会　b町内会　NPO　　　c町内会　NPO

全体が法人格を持ったNPOとなることを推進し、従来の世帯単位から個人単位に改めると同時に、熱意のある住民相互の連携を強化しようとするところも見られるようになったのである。こうして、住民相互の水平的関係を強化することによって、行政部局との対等性も高まってくるのである。一方、行政の側にも、縦割り行政の弊害を解決するために、住民参加や住民活動支援を行う課を設置し、行政組織内の調整に向けて活動するケースも生まれている。

(2) 公共領域の創造と役割分担

協働の特色として、対等性の確立に加えて、NPOなどの住民活動団体が公共領域の創造を行っていることに着目すべきである。たとえば、行政の担当部局だけでは自治体内の各地区で発生する少子高齢化、犯罪の多発化などに伴う個別課題にはもはや対応できず、NPO、ボランティ

ア、自治会・町内会などが、課題解決のために取り組む領域は拡大しつつある。このことによって、多様な住民活動団体は公共領域を創造しているのである。

公共の領域は行政の独占物ではなく、行政とNPOなどの住民活動団体との役割分担や対等な連携は不可欠となる。

行政各部局が設定した事業への参加を求めることだけでは住民活動は創造的に展開されることはない。この意味から、住民活動が多様な地域課題にチャレンジすると同時に、これからの地域のあり方も含めた地域創造ができるような新たな発想が求められているのである。

また、地域が創造的にビジョンを形成できるようになれば、それぞれの特徴を生かした住民活動団体相互の連携も生まれてくる可能性も高い。芦屋市（兵庫県）のように、『芦屋市市民参加・協働の推進指針』の中にモデル事業を実施することを宣言し、「市民参画・協働に関わる手法の確立と課題の把握のため、参画・協働についてのモデル事業の実施を図り」、地縁団体とNPOとの連携、これら市民と行政との協働関係を活動を通じて構築していこうと精力的に取り組む自治体も見られるようになってきた。

4 アカウンタビリティの概念の変化

アカウンタビリティは、説明責任と訳すのが一般的である。説明責任の前提として、住民が「自ら考え、行動するためには、まちに関するさまざまな情報やまちづくりに対する考え方などが、私たちに十分に提供され、説明されていなければなりません」（北海道ニセコ町情報公開条例前文より一部引用）といわれるように、行政部局と住民の双方の情報共有が不可欠となる。さらには、住民自治、ひいては民主主義を促進しなければアカウンタビリティの基盤形成ができないのであり、住民自治や民主主義を促進するための手続の整備などもアカウンタビリティの概念に包含させる必要があろう。

(1) やさしいアカウンタビリティと難しいアカウンタビリティ

　ほとんどの住民の合意が得られる事業であれば説明を十分に行うだけですむ場合も多い。

　しかしながら、一方的な行政当局からの説明だけでは、住民間の利害調整が難しい場合や社会のひずみの中で軽視されがちな住民に応答する場合には、説明責任は果たせない。そこで、前述した住民相互による水平的調整機能を高める努力が行政当局に問われることになるし、とりわけ社会的弱者の権利擁護のための民主的手続を構築しているかどうかは、アカウンタビリティが成熟するための必要条件である。この水平的調整機能や民主的手続の導入と運用も同時に問われるアカウンタビリティを、難しいアカウンタビリティと呼ぶこととしよう。

① 難しいアカウンタビリティと水平的調整機能

　まず住民の意向への応答性を高める前提として、広聴機能だけではなく住民相互の討議機能を高めようとする傾向にある。ワークショップや市民委員会などによる討議手段だけでなく、電子媒体を活用した討議手段も増えつつある。藤沢市（神奈川県）、札幌市、三重県の電子会議室が代表的であるが、（財）滋賀総合研究所が管理してきた「e〜まち滋賀」のように民間運営へシフトしているところもある。この「e〜まち滋賀」の目的の一つに「電子コミュニティによる政策提案と参加者間の合意形成」が設定されているのである。もちろん、電子会議室（オンライン会議）が広く市民権を得ているとは言えない状況下では、集会型の討議（オフライン会議）も組み込まないと効果を上げることはできない[3]。

　このような討議機能以外に、相互に刺激し合うことで自治力を高め、そのことによって相互理解を深め、見えざる水平的調整を図ることも行われるようになった。優先順位の設定基準など住民への説明を十分に行うことが困難な場合もあるが、頑張る地域から支援するという基準設定によって相互理解と自治力向上を図ることでこの課題を乗り越えようと取り組む地域もある。たとえば、住民自身が公園などの計画策定段階から管理運営に至るまで主体的に決めた地区を行政は優先支援するという

ものである。また、住民活動の事業補助や助成の支給の場合においても、計画や結果報告の公表を義務づけたり、あるいは公開審査まで行う自治体も登場してきた。

　ところで、近年導入されつつある市民提案制度も水平的調整機能を果たしていると考えることができる。従来は住民や住民活動団体からの要求要望に個々に対応するか、行政部局のほうからの提案に住民や住民活動団体がとくに実施段階で参加するというものであった。ところが、近年の市民提案制度は市民の側から地域分析に基づいて政策提案するもので、関係住民活動団体や行政との協働関係を促すものである。

　以上から読み取れるように、行政がアカウンタビリティを果たしていくためには、住民間の調整を住民自身で可能になるように、どのような制度を導入すべきかということも問われ出しているのである。

②　難しいアカウンタビリティと住民の権利救済

　とりわけ社会的弱者の権利をどのように救済するかは重要な課題である。主に住民からの行政に対する苦情をもとに、独立して行政内部の調査を行い、人権擁護、行政の運営改善に効果を発揮する公的オンブズマンを設定する自治体は徐々に増えつつある。(4)

　一般行政を管轄範囲として過誤行政をチェックするオンブズマン以外に、子どもの虐待を防止するために、子どもの人権を守るオンブズマンを設置する自治体も出てきた。すなわち公的オンブズマンを設置して、対行政関係のみならず、民民関係の問題解決に乗り出す自治体も出てきたのである。さらには、多摩市（東京都）の福祉オンブズマンのように、私立保育園や介護事業者などの民間も管轄対象とする公的オンブズマンもある。この民民関係の問題解決に向けて公的オンブズマンの役割の重点は、当事者相互が自律的によりよい解決に努力できるようなエンパワーメントにある。

　自治体行政の役割は民民関係から生じる社会問題の領域にまで拡大しつつあり、住民の権利救済の手続を整備しているかどうかも、アカウンタビリティの領域に含まれつつある。

(2) ローカル・ガバナンスとアカウンタビリティ

ローカル・ガバナンスという言葉も広く使用されるようになった。この意味は論者によって多様なバリエーションがあるが、筆者は「公共の領域を担う主役はむしろ住民の側にあり、その前提として議会や執行部との関係を作り直し、自治の新しい運用秩序をめざしているもの」[5]と定義する。このローカル・ガバナンスの観点からアカウンタビリティをとらえれば、「自治の新しい運用秩序」に向けた努力の過程もアカウンタビリティの領域に含まれることになる。先に触れた水平的調整機能や住民の権利救済のみならず、自治体の運用のあり方全般が問われているのである。

都市内分権、地域自治区などの狭域自治の運用秩序のみならず、自治体全体の行政や議会の運用秩序も問われているのである。したがって、「なぜ、ある行政サービスの変更が行われたか」を説明すると同時に、「どのようにしてそのような決定に至ったか」の過程についてなど、あらゆる場面でアカウンタビリティが問われることになりつつあるのである。

〈注〉
(1) 佐藤竺著『地方自治と民主主義』(1990年、大蔵省印刷局) 130～131頁。
(2) 協働については、今川晃・山口道昭・新川達郎編著『地域力を高めるこれからの協働――ファシリテータ育成テキスト』(2005年、第一法規)、辻山幸宣編著『住民・行政の協働』(1998年、ぎょうせい)、佐藤竺監修、今川晃・馬場健編著『市民のための地方自治入門（改訂版）』(2005年、実務教育出版) 参照。
(3) 今川晃「地方自治とeデモクラシーの展望」月刊LASDEC2006年2号24～29頁。
(4) 公的オンブズマン制度については、今川晃編著『行政苦情救済論』(2005年、社団法人全国行政相談委員連合協議会) に詳述されている。また、今川晃著『自治行政統制論への序曲――住民は何を統制できるか』(1993年、近代文藝社) 参照。
(5) 佐藤・前掲注(2)5頁。また、ローカル・ガバナンスについては中邨章『自治体主権のシナリオ――ガバナンス・NPM・市民社会』(2003年、芦書房) 参照。

コラム　　　　　ヘルスプロモーションの威力

　近頃は保健師の研修に参加する機会が増えてきた。きっかけは「市町村合併と保健活動」というテーマであったが、ヘルスプロモーションという概念に触れてから、行政組織の中で保健師という職域に関心を抱くようになった。

　このヘルスプロモーションというのは、個人が健康を維持しようと自ら進んで取り組めるようエンパワーメントするために、個人の周辺環境の整備を促進することを指すことだと理解している。どうもこの概念規定についていろいろと議論はあるようだが、要するに家庭に関する不安を除去すること、政治が安定していること、平和であること、快適に散歩できる環境にあること、歴史・文化・自然などの豊かさを享受できる環境にあることなど、私たちが安心して生活できるように全ての環境を改善することがヘルスプロモーション活動である。したがって、挨拶運動、空き缶拾い、道路のカーブミラー磨きなどもヘルスプロモーション活動として住民活動団体が行っている。ところが、このような活動は、挨拶運動は防犯対策として、空き缶拾いなどはコミュニティの交流促進や環境改善を目的に別の住民活動団体が行う。同じ活動を行っていても理念が違い、したがって登録される行政部局が異なるうえ縦割り行政も影響して、これまで連携してこなかった地域が多い。しかしながら、活動内容が類似しているのならば、どこかで理念の共有化を行う必要性があろう。

　保健師が専門職としての従来の保健の職域に安住するか、人権啓発、生涯学習、教育委員会事務局など多様な課に配属されヘルスプロモーションを促進するか、は自治体の政策のありようの問題である。保健や健康をまちづくりの重要な政策として掲げるまちであれば、後者はヘルスプロモーションの威力を発揮するであろう。しかしながら、そうでなければ行政改革による行政のスリム化のために、保健師に職域とは異なる業務を行わせることとなり、保健師としての志気は減退するかもしれない。

　政策のありようによっては、同じ職員配置でもその意味するところが全く異なるのである。

　先述した住民活動もそうであるが、理念の共有をどのように展開するのか、換言すれば政策をどのように形成するかは、重要な問題なのである。

〔今川　晃〕

第 5 章

まちづくりと自治体行政

「まちづくり」は、市民が日常生活で口にするとても親しみやすい言葉である。そこには、個人の自己実現を超えて「まち」という社会的共通資産を地域社会が力を合わせて創り上げようという思いが込められている。

　「まちづくり」という言葉は、当時のトップダウン型の都市計画行政に対抗する運動の中で1970年代に入ってから用いられ始めたといわれている(1)が、近年、「まちづくり」への期待が高まりを見せる中、「都市計画からまちづくりへ」あるいは「都市計画法からまちづくり法へ」という表現で都市計画の変化が議論され始めた(2)。また、こうした変化をあらわすかのように、政策の実施権限と実施基準・手続を規定し、また、政策を実現する重要な道具（しくみやルール）である制度も、国と自治体の双方のレベルでさまざまに変化を見せている。そこで、本章では、まず、「都市計画からまちづくりへ」という表現で示される行政の変化の方向とその特徴を「主体」「領域」「公共性」の観点から紹介する。次に、さまざまに変化を見せている都市計画およびまちづくりの制度を概観することで、国・自治体の現場でいかに「まちづくりへ」という変化に対応しているのかを見てみたい。こうした制度上の模索は、分権改革（「地方分権一括法」施行2000年）後に期待される自治体行政のあり方と強くかかわっており、今日、そしてこれからの自治体行政の方向を見定めるうえでも、まちづくりの観点から自治体行政を見ることには大きな意味がある。

1　都市計画とまちづくり

(1)　都市計画行政とは

　それでは、まちづくりという言葉の端緒となった都市計画行政とはどのようなものなのであろうか。

　日本の都市計画は、最初の都市計画法規である「東京市区改正条例」（1889年施行）に始まるといわれている(3)。「都市計画」という言葉を単純に読むと、「都市」を「計画」することのみにとどまるように思われる。

そこで、その基本となる現行法、すなわち「都市計画法」（1968年制定）に定義を求めると、都市計画とは、「都市の健全な発展と秩序ある整備を図るための土地利用、都市施設の整備及び市街地開発事業に関する計画」（第4条第1項）であり、その目的は、「都市計画の内容及びその決定手続、都市計画制限、都市計画事業その他都市計画に関し必要な事項を定めることにより、都市の健全な発展と秩序ある整備を図り、もって国土の均衡ある発展と公共の福祉の増進に寄与すること」（第1条）（図5－1）とある。つまり、自治体行政との関係で捉えた場合、都市計画とは計画や計画づくりのみならず、計画の内容に沿って都市を変えていく行為（実現手法）を含むものとして理解されている。

このことは、都市計画が公共の福祉の目的で、規制や場合によっては収用という形の公権的行為によって、私権である土地所有権の自由な行使を制限しなければその目的を果たせないことを意味している。たとえば、道路、公園、上下水道などの都市施設の整備、面的な開発を行う市街地開発事業、土地利用における用途規制や、高さ、容積などの建築物の制限などである。土地所有権の基礎となる財産権は、周知のとおり憲法で保障された権利である。したがって、それに制約を課す都市計画は、公的に決定されたルール、すなわち、国が制定した法令および自治体が

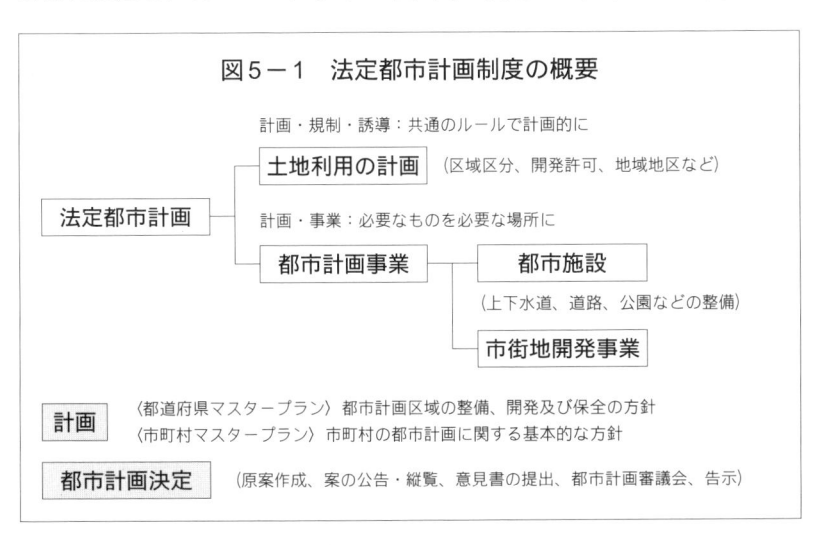

図5－1　法定都市計画制度の概要

計画・規制・誘導：共通のルールで計画的に

法定都市計画 ─┬─ 土地利用の計画（区域区分、開発許可、地域地区など）
　　　　　　　│　計画・事業：必要なものを必要な場所に
　　　　　　　└─ 都市計画事業 ─┬─ 都市施設（上下水道、道路、公園などの整備）
　　　　　　　　　　　　　　　　└─ 市街地開発事業

計画　〈都道府県マスタープラン〉都市計画区域の整備、開発及び保全の方針
　　　〈市町村マスタープラン〉市町村の都市計画に関する基本的な方針

都市計画決定　（原案作成、案の公告・縦覧、意見書の提出、都市計画審議会、告示）

定める条例によって厳密に運用されなければならない。このように、狭い意味での法定都市計画の特徴は、強制力を伴う実効性を有している点にあり、計画どおりに都市を変えていくことこそが法定都市計画に与えられた役割といえる。

　物理的環境の改善を離れ、地域の生活ルールづくりや地域の仕事おこしなどといったソフトな領域の計画は、伝統的に都市計画の範囲外とされてきた。しかし、「都市計画」と一般名詞でいう場合、あるいは都市計画行政においては、必ずしも法定都市計画のみを指しているわけではなく、法定都市計画を含み、それよりは幅広い意味で用いられることが多い。もっとも、都市計画の多くが機関委任事務であった分権改革以前には、自治体行政における都市計画は、もっぱら国の通達に基づき法令を執行することのみをその役割としていた場合も少なくなく、「機関委任事務」や「通達」が廃止された今日においても、なおその認識がぬぐいきれない面を強く残している。

　また、都市計画法では、これを執行するために、主体を二つに区分し各々の責務を示している。具体的には、「国及び地方公共団体は、都市の整備、開発その他都市計画の適切な遂行に努めなければならない」(第3条第1項)、「都市の住民は、国及び地方公共団体がこの法律の目的を達成するために行う措置に協力し、良好な都市環境の形成に努めなければならない」(第3条第2項) としている。ただし、1968年まで住民・市民は都市計画の主要な主体とはみなされておらず、同法においても、幾度かの改正を経た近年に至るまで、都市計画による影響を受ける地域住民や利害関係者という一部に限られていた。

(2) 「まちづくり」とは

　これに対し、「まちづくり」とはどのようなものなのか。30年にわたって「まちづくり」の実践がなされる中で、多様な議論が積み重ねられてきた。しかしながら、さまざまな自立的な活動が一つの言葉で表されていることや、概念が形成過程にあることなどからして固定化した定義がみあたらない。ここでは、本章に関係する範囲で「まちづくり」の

代表的な定義とその活動の要旨ともいうべき原則を示しておきたい。

たとえば、林泰義(5)は、日本の制度では総合的まちづくりの領域がなく、建築・都市計画行政という縦割りに細分化された領域で慣習的に使われてきた経緯を指摘した上で、「物理的環境の改善にとどまらず、その環境の維持・運営はもとより、地域福祉への取組み、リサイクル活動、地域文化活動、地域での仕事おこしなど、生活にかかわる問題に総合的に取り組むことを意味している」として、市民の考えるまちづくりの姿を表現している。また、佐藤滋(6)は、「まちづくり」を「地域社会に存在する資源を基礎として、多様な主体が連携・協力して、身近な居住環境を漸進的に改善し、まちの活力と魅力を高め、『生活の質の向上』を実現するための一連の持続的な活動である」と定義したうえで、これまでのまちづくり活動の実績、議論を踏まえ「まちづくりの10原則」（図5-2）を示している。

図5-2 まちづくりの10原則

1) 公共の福祉の原則：居住環境や町並み景観、地域経済、教育・文化など、地域社会の公共の福祉に関わる事項を維持向上させ、安全性、快適性、保健・衛生などの基礎的な生活の場の条件、文化的な生活のための条件を整え、公共の福祉を実現する。
2) 地域性の原則：それぞれの場に存在する多様な（社会的、物的、文化的、自然的、歴史的）地域資源とその潜在力を生かし、固有の地域性に立脚して進められる。
3) ボトムアップの原則：公権力の行使としての都市計画や巨大資本による都市開発とは異なり、地域社会の住民と市民の発想を元に、地域社会における下からの活動の積み上げにより、その資源を保全し、地域社会を持続的に改善し、発展向上させる。
4) 場所の文脈の原則：歴史・文化の集積としての「場所の文脈」に対する共通理解の元で、社会・空間をその延長としてデザインし維持運営する。ここで言う場所の文脈とは、歴史的に積み重ねられた行為がそれぞれの場所に集積され生活を支える基盤となっているもので、それぞれのまちの社会と空間を支える基本であるとの認識である。
5) 多主体による協働の原則：個人やそれぞれの組織が自立しつつ、補完し合い、連携・協働して活動する。このことは、一つのまちづくり活動の内部においても、さまざまなまちづくりが連携する場面においても、共

通である。
6) 持続可能性、地域内循環の原則：持続可能な社会と環境を目指して、一挙に特定目的を達成するのではなく、時間をかけて漸進的な過程を経ながら地域社会を構成する多様な主体の参加を得て持続的に進められる。そして、資源や財産、そして人材が地域内に循環し、持続可能な地域社会を維持しながら運営される。
7) 相互編集の原則：目標とする将来像が事前確定的でなく、個々のまちづくり活動の成果が相互作用の経過を経ながら整合的に組み立てられ、徐々に「まち」の全体を形づくる。このプロセスを相互編集、相互デザインと呼ぶ。地域の内から、そしてボトムアップで全体を編集するのであり、それを導くのが目標空間イメージの共有とその維持を支える仕組みと技術である。
8) 個の啓発と創発性の原則：住民一人一人、個々のまちづくり組織の個性と発想が生かされ、個の自立と創発性により、それぞれが高め合いながら地域が運営されまちづくりが進められる。
9) 環境共生の原則：自然、生態学的環境の仕組みに適合し、物的環境を維持発展させる。そして、個々のまちづくり活動の集積が広域的な生活圏、たとえば河川の流域圏などの都市と農山漁村の複合環境体を維持向上させ、さらにそれらの集積である地球環境システムの維持に貢献する。
10) グローカルの原則：地域性に立脚しながらも、常に地球的な視野で構想し、さまざまなネットワークに自らを位置づけ、活動する。まちづくりも、地域という境界を越えボーダレスな情報や知恵の交換が進められ、まちづくりの境界を越えて相互編集される。21世紀のグローバル社会の中では、地域性の原則を維持し、しかし地域に閉じこもるのではなく、拓かれた活動としてのまちづくりが展開されている。グローバルで、かつローカルな視点と行動が求められているのである。

出典）佐藤滋・日本建築学会編『まちづくりの方法』2004年、丸善、3〜4頁

(3) 都市計画に期待されるまちづくりの観点

都市計画とまちづくりの言葉の意味を正確に比較することは困難であるものの、上述の原則や特徴を対比させてみると大きく二つの違いが見えてくる。その一つは「主体」である。都市計画の適切な遂行に努める中心的主体が行政であるのに対して、まちづくりの定義に触れるほとんどの論説では、その主要な主体を市民および住民（以下「市民」）としている。いま一つは「領域」である。都市計画では、物理的環境の改善、

さらに狭い意味での法定都市計画では、その領域を土地利用、都市施設の整備および市街地開発事業に関する計画としているのに対して、まちづくりでは、市民の健康・福祉、教育、コミュニティの形成など、より広範な領域を含んでおり、さらにその領域は近年拡大しているようである。つまり、「都市計画からまちづくりへ」という表現が示す行政の変化の方向とは、図5−3の概念図が示すように、①国あるいは行政が主体となるトップダウン型から、市民の意向を反映する、あるいは、市民参加、市民主体のいわゆるボトムアップ型への変化、②土地利用、都市施設及び市街地開発事業等の物理的環境への対応から、地域の生活にかかわるソフトな領域を含む総合的な対応への変化にあると考えられる。

当然、このような方向を具現するために自治体行政は、法令の執行にとどまらず、地域住民の意向を合意に導き、その意思に沿って独自の政策判断におけるルール化、すなわち、立法（条例制定）を試み、そして、法の解釈・運用も含めて、これらのルールの活用を市民とともに担っていかなければならない。

一方、共通するところは「公共の福祉」を目的としている点である。都市計画およびまちづくりの目的はいずれも市民の幸せにあり、両者ともに「公共性」を有することが前提とされている。ただし、その公共性

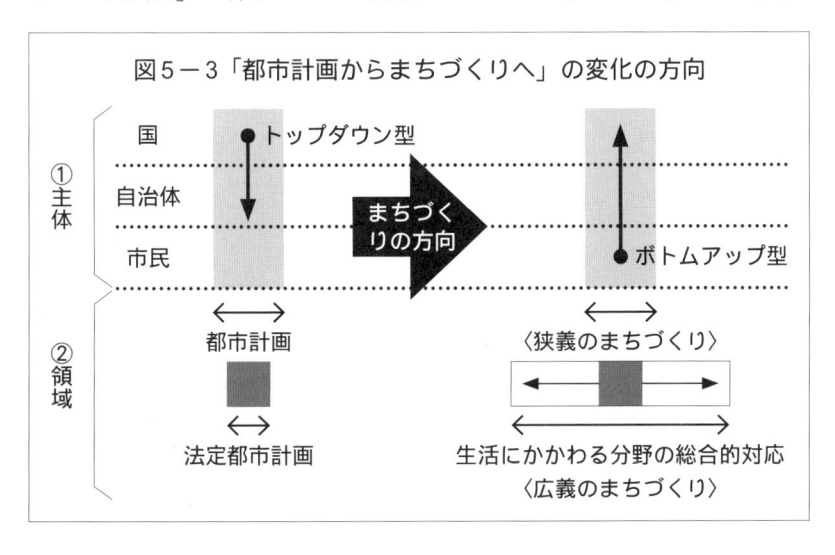

図5−3 「都市計画からまちづくりへ」の変化の方向

の認識が変化してきているという点が重要であり、その変化は、分権改革を経た今日の自治体行政や地域住民に対する期待に符合しているように思われる。

　公共性にかかわる変化の第一は、中央政府および地方政府、すなわち行政によって形成される公共性に対する市民の不信である。それは今日、行政が公共性の名の下に行ってきた、あるいは行おうとしている都市計画に市民が何ら公共性を見出せず、逆に市民が公共性を認めているようなものに対して、行政がそれを無視するという事態があると指摘される点に見られる。第二は、公共の新たな担い手の存在である。近年のまちづくりに対する市民参加への意欲の高まりや、非営利の民間組織（いわゆるNPO）等による公益活動の急速な展開は、公共が行政の独占物でないことを証明し、地域社会が担い育てる公共の存在が重視されているということをあらわしている。

　これらの都市計画やまちづくりをめぐる公共性の認識に対する指摘などに関連し、「従来の中央省庁主導の縦割りの画一行政システムを住民主導の個性的で総合的な行政システムに切り替えること、『画一から多様へ』という時代の大きな流れに的確に対応すること」をその任務の基本目標として設定した「地方分権推進委員会」は、最終報告のなかで「公共社会」に期待を寄せている。具体的には、「自己決定・自己責任の原理に基づく分権型社会を創造していくためには、住民みずからの公共心の覚醒が求められるのである。そして、また当面する少子高齢社会の諸課題に的確に対応していくためにも、行政の総合化を促進し、公私協働のしくみを構築していくことが強く求められている。公共サービスの提供をあげて地方公共団体による行政サービスに依存する姿勢を改め、コミュニティで担い得るものはコミュニティが、NPOで担い得るものはNPOが担い、地方公共団体の関係者と住民が協働して本来の『公共社会』を創造してほしい」（2001年6月20日）と述べている。

　このように、「都市計画からまちづくりへ」という言葉には、「主体」「領域」「公共性」にかかわって、これまでの都市計画行政の変化の必要性が表現されており、言い換えれば、都市計画にまちづくりの観点が求

められていることをあらわしている。

(4) 「都市計画からまちづくりへ」の背景

① 成熟社会における多様性の享受

それでは、こうした変化の方向、すなわち都市計画にまちづくりの観点の導入が求められる背景は何であろうか。

これまでの都市計画は、急速な市街化の中で、国土の均衡ある発展を目指して都市全体の機能向上に努め、そこに暮らす人々の生活水準を向上させてきた。しかしながら、急速な市街化をトップダウン型の理論に基づいて進めたことにより、均一・画一的な都市空間を形成してきた事実は否定できない。そして今日、人々の都市に対する最低限の要求が満たされつつある成熟社会において、国および行政が主導する画一的な都市計画でなく、市民の意向を反映した多様なまちづくりが求められているのである。これは、地方分権という立場から、地方分権推進委員会が「画一から多様へ」を目標として掲げていたことと軌を一にしている。

他方、多様性を享受するという社会的な要請は、都市計画の基本的性格に揺らぎを生じさせているという指摘もある[9]。都市計画は、実証的に見出された都市の土地利用に関するさまざまな法則や社会科学の法則といったある程度の科学的根拠に基づくものの、いくつかの可能な解の中から、社会的価値判断に従ってその一つを選択する「社会的技術」であるといわれている。つまり、技術を裏づける科学性と同時に、社会的な合意を得るための民主性が求められる。しかし、現代のように人々の価値観が多様化し、社会の近い将来の変化も予測しにくい場合には、科学的に多くの人々の信頼を得ることは難しく、民主性の重みへのシフトが要求されるようになってきており、それが都市計画への参加の要請などにあらわれている。また、成熟社会において都市全体の機能向上は、生活者としての都市住民には実感としてわかりにくいものとなり、人々は、都市全体の機能向上よりも、むしろ身近な生活空間の環境改善に関心をシフトさせてきていることも、その揺らぎの要因であるといえよう。

以上のような社会情勢の変化に対して、近年、都市計画にかかわる法

令制度の創設および改正（以下では総称して「法改正」）が行われている。実際、2000年の都市計画法の見直しでは、「所得水準の上昇等により、様々な形での質の高い住まい方を望む国民意識が高まっている。身近なまちづくりについて、住民自らが主体的に参画しようとする動きも広がってきている」（都市計画中央審議会第2次答申、2000年）として、まちづくりの観点にかかわる課題を改正の一つの背景としている。

② 地方分権による権限配分

ところで、都市計画にかかわる分権化の議論では次のような三つの検討課題があるとされている。[10] 第一は、国と自治体との間の権限配分である。これは、国の画一的な基準に基づく都市計画行政から、地域の特性や地域住民の個性に応じた多様な都市計画行政への移行である。第二は、自治体の中での権限配分であり、基本的な土地利用や都市施設などを中心に都市計画行政を進める都道府県と、住民に身近な都市計画行政を進める市町村との間の権限配分である。第三は、公共性をめぐる行政と民間の間の新たな関係構築であり、これはさらに二つに大別することができる。

一つは、「行政と民間企業との関係」である。行政のもつ公共性と民間企業がもつ効率性が都市計画行政を進めるうえで、それぞれどの場面で活用されるべきかに関するもので、この議論は規制緩和の流れにつながってくる。もっとも、従来から都市の建設には民間事業者が大きな役割を果たしており、歴史的に見れば、大都市郊外の市街地拡大の牽引者であった。たとえば、民間の電鉄系デベロッパーなどは鉄道の開設に合わせた土地の開発・分譲を大規模に展開してきた経緯がある。また、1980年代初頭から民間活力の導入が強調されるようになり、今日では、民間事業者の資金調達力と経営能力が期待され、公共施設の建設・運営管理においてPFI（Private Finance Initiative：「民間資金等活用事業」）などの手法を用いて民間活力が活用されつつある。いま一つは、「行政と市民との関係」である。都市計画行政への市民参加から、近年では行政が担う公共性に加え、市民が担う公共性の存在、そして、両者の公共性の関係が議論になっている。

このうち、地方分権一括法の施行や都市計画法の見直しにかかわる議論では、第一の国と自治体との間の権限配分と第二の自治体の中での権限配分を中心に論じられ、今般、その具体的な施策が法令に明文化されたところである。以上の議論をまちづくりの観点からとらえると、むしろ、その課題は第三の公共性をめぐる行政と民間の間の新たな関係構築にあり、とりわけ、「行政と市民との関係」に深くかかわるものと考えられる。

2　法令制度と条例等に見られるまちづくりの観点

(1)　法定都市計画制度におけるまちづくりの観点

　市民参加の要請や分権改革を受けて、都市計画行政にかかわる法律で「都市計画からまちづくりへ」という変化をうかがわせる動きがある。近年の法改正では「まちづくりの観点」を意識した項目を制度化しているものが多く、とりわけ先に示した「主体」「領域」「公共性」のうちの「主体」、すなわち市民の意向を反映する、あるいは、市民参加にかかわる変化は著しい。

　以下では、都市計画法を中心に市民の意向を反映する、あるいは市民参加にかかわる規定を新たに設けた制度の実態を概観してみたい。

①　市町村の都市計画マスタープラン

　現在の法定都市計画の構成を都道府県、市町村別に表記したものが図5－4である。これに見られるように、後述する地区計画および1992年の都市計画法改正における「市町村の都市計画に関する基本方針」(第18条の2)、いわゆる市町村マスタープランの導入までは、法定都市計画は、都道府県が策定するマクロな視点のみで、ミクロな視点での計画を持ち合わせていなかった。

　とりわけ、市町村マスタープランにおけるまちづくりの観点にかかわる特徴は、その策定方法にある。都市計画法では市町村マスタープランの策定にあたり、「あらかじめ、公聴会の開催等住民の意見を反映させるために必要な措置を講ずるものとする」(第18条の2第2項)とされ、

図5-4 都市計画の構成

都道府県の都市計画

	土地利用	都市施設
計画	都市計画区域の整備開発及び保全の方針 都市再開発方針等	
規制	区域区分 地域地区	
事業	市街地開発事業 市街地開発事業予定区域	都市施設

市町村の都市計画

	土地利用	都市施設
計画	市町村の都市計画に関する基本方針（1992年）	
規制	地域地区 促進地区 遊休土地転換利用促進地区 被災市街地復興推進地区	
	地区計画（1980年）	
事業	市街地開発事業	都市施設

　事実、多くの市町村で市町村マスタープランの策定を端緒に市民参加が本格化することとなった。興味深いのは、こうした市民参加によって、市民の考える都市計画への要請が多様で、総合的であることが認識されるようになった点である。市町村マスタープラン導入により都市計画とまちづくりにおける「領域」の違いが明らかになったといえる。具体的には、市町村マスタープラン策定にあたり、都市計画法令やそれに基づく通達を超えてさまざまな意向が市民から示されたのである。また、市町村の規制や事業などの実現手法は、都道府県が定める計画によるところが多く、市町村マスタープランが直接的に実現手法と連動していないという構造的な問題もある。こうした問題に対して、法律が定める計画で対応できない内容を独自のマスタープランとして担保したり、市町村マスタープランの実現手法を条例で規定する自治体もある。[11]

② まちづくり三法

1998年に中心市街地再生に関連し、中心市街地活性化法・改正都市計画法・大規模小売店舗立地法、いわゆる「まちづくり三法」が施行された。各市町村では、中心市街地活性化法に位置づけられた中心市街地活性化基本計画にとりかかったが、とりわけ、民間主導、市民参加にかかわる部分としては、中心市街地活性化法において商工会、商工会議所または第三セクター等を主体とするTMO（Town Management Organization「中心市街地整備推進機構（第51条)」）が位置づけられ、中小小売商業高度化事業に関する総合的、基本的構想を地元商業者等のコンセンサスにより策定し、市町村が認定するというしくみが導入された。しかしながら、この制度導入により活性化を実現した都市もあるが、地域の資源を活かし、民間が主体的に計画づくりや活動にかかわることが容易でないことなどから、行政主導による従来型の市街地整備に終始する場合が多いとの指摘もある。また、大規模店舗の誘導を目的に、大店法から移行した大規模小売店舗立地法と、これと連携する都市計画法については、市民の意向が反映されるしくみが十分ではないため、条例により手続を充実させる市町村がでてきている。[12]

なお、中心市街地の活性化が十分にはかられていないとの反省から、2006年にまちづくり三法が改正された。改正まちづくり三法では、人口減少社会の到来と厳しい自治体財政を前提としたうえでコミュニティの維持が目標とされ、「まちのコンパクト化」（さまざまな都市機能の市街地集約）と「コミュニティの魅力向上」（中心市街地の賑わいの回復）を一体的に推進し「コンパクトシティ」の実現が目指されている。民間主導、市民参加にかかわるものでは、それまでのTMOを発展的に改組した中心市街地活性化協議会が法制化されるなどの変化が見られる。

③ 都市計画法の見直し

2000年、都市計画法制定以降最も大きな見直しが行われた。この改正では、地方分権の流れを背景に、その具体的な施策として条例への委任規定が拡大された。つまり、個別の法令に委任された条例、いわゆる「委任条例」が地域の実情に即したまちづくりを実現する手段として位

置づけられたのである。これらの新たな委任規定のうち、市民参加あるいは市民の意向反映に関する制度が二つある。

〈地区計画〉

その一つは、地区計画制度である。この制度は、ボトムアップ型の都市計画として、住民に身近な地区レベルで、建築の用途・形態等に関する詳細な制度ならびに道路公園等の公共施設の配置および規模などを一体的に計画する制度（第12条の4）として1980年に創設された。とりわけ、地区住民の合意形成をはかるしくみとして、地区計画原案の作成時の土地所有者等の利害関係を有する者の意見を手続に反映させるため、原案の内容となる事項の提示方法および意見の提出方法が、都市計画法第16条第2項により条例に委任する手法が用いられている。つまり、制度創設当初から住民に身近な地区レベルで住民の合意形成をはかるしくみを導入していた。この制度創設を契機に、市民参加による特定地区におけるまちづくり、いわゆる「地区まちづくり」が活発化することとなる。

とくに、神戸市、世田谷区では、委任規定として示された地区計画の原案の策定手続のみでは、市民の発意による計画案の提示は困難であるため、市民の独自な発意による計画づくりを可能にするための手続を条例に規定した。その具体的な内容については、条例の展開として後述することとするが、その後、これらの条例を手本に全国で市民による地区まちづくりが展開される。その後、こうした市町村の動きを受けて2000年の都市計画法の改正で、第16条第3項としてその原案の申出方法が新たな委任規定として付加された。

〈都市計画決定手続〉

いま一つは、都市計画決定手続である。これまで都市計画決定における市民の意向反映にかかわる手続として、縦覧、公聴会などが定められていた。こうした手続に対して、2000年の都市計画法の改正において、「都市計画手続について、都道府県又は市町村が、法律の規定に違反しない限りにおいて、条例で、必要な規定を定めることができる旨を明記すべきである」（都市計画中央審議会第2次答申、2000年）という方向が示

され、「都市計画の決定の手続に関する事項……について、条例で必要な規定を定めることを妨げるものではない」(第17条の2) として法律に明文化された。その委任規定に関して国から示された都市計画運用指針 (2001年) では、住民の理解を図る措置を十分に講じることとされており、この見直しが市民へのアカウンタビリティを重視していることがわかる。ただし、先の地区計画制度における委任規定と同様に、これらの手続を市民主体で実施するためには、それを支える具体的なしくみが必要であるといわれている。

④ 都市再生関連法

構造改革の一貫として都市再生を強力に推進するために成立した「都市再生特別措置法」(2002年) と連携し、都市計画にかかわる特別措置の創設等が講じられることとなった。その趣旨は、前述の都市計画法の見直しとは異なり、民間都市開発投資促進のための緊急措置とされている。とりわけ、その主要な施策として「民間事業者の力の発揮による都市再生の推進」があり、緊急整備地域における都市計画の特例緩和等が主要な制度として位置づけられている。しかしその一方で、まちづくりの観点から「地域住民の主体的なまちづくりの取組みの推進」も視野に入れられ、土地所有者やまちづくりNPO等が一定の要件を満たした場合、都市計画について提案することができる制度なども盛り込まれている。ただし、具体的な制度内容については、市町村の実態に合わせて柔軟に対応できる制度とするべきである等の指摘もあり、現行制度との整合性の確保や国と地方、行政と民間 (企業や住民) との適切な関係の確立など、残された課題も多い。

以上のように、法令においても近年の法改正で市民の意向を意識した項目が制度化されている。つまり、「主体」という点においては、法定都市計画制度への市民参加や合意形成などのしくみ、市民に対するアカウンタビリティなど、まちづくりの観点につながる制度が拡大してきたといえる。しかし、具体的な制度内容については、法令で不足する部分を独自の条例で対応する自治体が少なくないなど、地域の求める市民主体によるまちづくりを実現する制度として十分であるとは言いがたい。

また、「領域」については、市町村マスタープランの議論で明らかであるように、各々の制度が合目的的であるがゆえに、都市計画を超える領域での対応が困難である。すなわち、法令による制度では、生活にかかわる分野に対し総合的に対応するには限界があるといえる。

(2) 条例等によるまちづくりルール

これまで自治体では、法令制度では対応できない地域の課題や要請に対して、憲法および地方自治法の条例制定権に基づく「自主条例」を制定することで独自のまちづくりを展開してきた。とりわけまちづくりにかかわる自主条例、いわゆる「まちづくり条例」は、「まちづくり」という言葉の意味と同様に多様な展開を見せている。ここでは、先に示した法令制度におけるまちづくりの観点と比較して、自治体独自の条例が市民参加あるいは市民の意向反映にかかわる制度としてどのように展開されているのかを整理してみたい。見方を変えれば、これらの条例の展開は、法令では対応できない自治体独自の試みであり、また、今後まちづくりにおいて自治体行政として取り組むべき課題や行政への要請を示唆するものとしてとらえることができる。

現在、まちづくりの観点、すなわち市民の意向を反映する、あるいは市民参加にかかわる内容を規定する条例や施策は、その領域の違いから次の二つに整理することができる。一つは都市計画にかかわる領域、すなわち都市計画および建築行政に関連する所管課が運用する「狭義のまちづくり」におけるしくみである。いま一つは、住民の健康・福祉、教育、コミュニティの形成など市民生活にかかわる分野を包含する「広義のまちづくり」のしくみである。

① 狭義のまちづくりにおけるしくみ

狭義のまちづくりにおける条例等を整理すると概ね二つに分けることができる。第一に、開発手続における意見調整規定を含む条例等である。これは、開発や建築行為の事前協議、あるいは、アセスメント手続として、開発や建築物建設の周知、それに対する意見書の提出、公聴会など、事業計画に対して住民等の意向を反映させるもの、あるいは、あっせん、

調停等、事業者と住民の権利調整を図る条例である。これは、都市計画法や建築基準法による法定手続では十分ではない住民への配慮や権利調整を地域独自のしくみとして条例に定めるものである。

第二に、地区レベルの住民参加規定を含む条例等である。これは先に述べたように、地区計画制度導入にあたり、神戸市や世田谷区などが市民発意によりまちづくりを実現するためにまちづくり条例に規定した「地区まちづくり」のしくみである。具体的には、法令により委任されている地区計画手続に加え、地区住民からなる団体、いわゆる「まちづくり協議会」（以下「協議会」）の認定、協議会への助成、協議会が策定する計画の保障などである。そして、協議会が策定する計画は地区計画のみならず、市街地整備事業や住環境整備事業などの事業へ展開することが想定されている。さらに、「大和市みんなの街づくり条例」（1998年）のように、地区レベルの計画を市町村マスタープランに反映させる、あるいは、市町村マスタープランの実現のために地区レベルの計画との連携をはかるものもある。

以上のしくみは、いずれも開発許可、地区計画、市町村マスタープランなどの法令制度を契機に誕生したものであるが、その後全国の市町村で独自手法として進化をとげている。しかし、これらの制度はあくまで狭義のまちづくりにおけるしくみであるがゆえに、市民生活に密着した総合的な意向を全て受け止めることが困難な場合が多く、その制度策定にあたっては対象領域の設定が大きな課題となっている。また、法令制度に導く機能は持ち得ても、直接的な私権の制限や市政への反映という点においては、合意形成手法等も含め今後議論すべき点は多い。さらに今日、これらのしくみへの参加にとどまらず、住民主体のまちづくりを視野に入れるにあたっては、市民と行政の信頼関係の確立、さらには、市民が自立的にまちづくりを推進していくための環境づくりが課題とされている。

② 広義のまちづくりにおけるしくみ

以上のような狭義のまちづくりの課題と呼応するように広義のまちづくりに関する条例が注目を集めている。これは、地方分権化を背景とす

る自治意識の高まりや、地域独自のまちづくりへの要請がその背景にあることはいうまでもないが、そのほかに、自治体行政として、法令や狭義のまちづくりのしくみが機能しないことも原因の一つになっている。つまり、都市計画および建築行政の正当性を確保するための基礎として、広義のまちづくりの必要性が認識されつつある。

　広義のまちづくりにおけるしくみの具体的な内容とその動向は、次のようにまとめることができる。まず、まちづくりに関する理念を定める条例（いわゆる「まちづくり理念条例」）である。これは、まちづくりを推進していくうえで、市民と行政との共通した理念を示すとともにその規範を定め、具体的な機能としては市の施策を体系化するようなものもある。代表的なものとして箕面市のまちづくり条例があげられる。次に、市民の参加権を保障する基本的な考え方を定め、具体的なしくみとして住民投票の手続などを定めるもの（いわゆる「市民参加条例」）である。最後に、これらの理念や考え方を実現するための基盤としての市民の権利擁護などにかかわる条例がある。行政運用の監視機関を定めるオンブズマン条例や、行政内の情報公開の際のルールを定める情報公開条例などがそれにあたる。そして、最近では「ニセコ町まちづくり条例」（2000年）のように、これらを包含し自治の基本となる考え、それを受け止める行政側の組織のあり方を統括的に条例で規定するものもある。

　さらに今日、市民・事業者・行政の協働でまちづくりを推進するためのルールや、これらの主体がパートナーシップ[13]を築き、市民自治によるまちづくりを実現していくためのしくみづくりが新しい動きとして出てきている。その動きの先駆けとして、三鷹市のパートナーシップ協定[14]や、世田谷区や京都市などで展開されているまちづくりファンド、まちづくりセンターなどの試みがある。そして、高知市、大和市、草加市では、「新しい公共」を視野に入れた条例が制定されている[15]。

　これらの条例に共通する点は、次のようなものがある。第一に、広義のまちづくりにおける理念と市民・事業者・行政の役割と責務に関する規定である。ここでは、市民・事業者・行政の対等および信頼、協力関係が主に示されている。とりわけ、その中心的な「主体」を市民として

いるところが特徴的である。第二に、市民の自立（自律）によるまちづくりのための環境整備に関する規定である。具体的には、人（人材教育や専門家の派遣等）・資金（基金や市からの助成等）・場所（活動拠点等）・連携調整（人や組織のネットワーク）などについて、市民が主体的にまちづくりに参加できるための配慮がなされている。第三に、市の施策や組織に関する規定である。たとえば、組織の整備や職員の教育、情報の公開、市民の意向を市政に反映するための義務規定などである。そして、第四に、広義のまちづくりに関して、単に理念や考えを示すにとどまらず、市民の自立を促し、市民の意向を市政に反映させる具体的手続が定められている点にある。たとえば、協働事業（市民等、事業者および市が、お互いの提案に基づいて協力して実施する社会に貢献する事業）を行おうとする市民等および事業者の登録制度や新しい公共の創造に関する市の施策や計画等に関する意見または協働事業についての提案制度が定められており、また、その運用を行う組織が位置づけられるなど、新たな公共を創出し、市民が担うためのさまざまなしくみが模索され始めている。

　このような制度内容は、「主体」「領域」「公共性」という視点で「都市計画からまちづくりへ」の移行を促し、「まちづくり10の原則」や市民自治の世界に導き、法令制度や狭義のまちづくりとともに「まちづくり」を押し進める支えになるものと考えられる。

　しかしながら、これらの動きは現時点では挑戦的な試みであり、制度創設あるいはその運用にあたり、懸念される点がないわけではない。たとえば、条例対象（＝市民）をどのようにとらえるか、代表性の問題も含み公平性や合理性をどのように担保するか、多様な市民や市民活動団体等の合意形成をどのように図るか、意思決定にあたり議会との関係をどのように考えるかなど、なお検討すべき課題は多い。とりわけ、本章で紹介した制度の展開にあたり、これまでの自治体行政では立ちゆかなくなることは間違いなく、自治体行政の改革を促す契機になるものと考える。いずれにせよ、「都市計画からまちづくりへ」という言葉にあらわされる変化は、分権改革後の自治体に期待される行政のあり方を示唆している。

〈注〉
(1) 佐藤滋著・日本建築学会編『まちづくりの方法』(2004年、丸善)。
(2) 大西隆「建設省と都市計画」建築雑誌Vol.1462 (2000年) や、小泉秀樹「都市計画法からまちづくり法へ」原田純孝編著『日本の都市法Ⅰ』(2001年、東京大学出版会) など。
(3) 石田頼房『日本近現代都市計画の展望』(2004年、自治体研究社)。
(4) 都市計画法は、都市計画に関する基本法的性格が強く、都市計画に関する規定をすべて定めているわけではなく、明示的に委ねたり、他の法律と連動して適用される場合が多い。たとえば、建築物の高さ、容積率を含む、敷地、構造、設備などに関する基準の適用については、建築基準法と連動して規制が行われる。
(5) 林泰義編著『市民社会とまちづくり』(2000年、ぎょうせい)。
(6) 佐藤・前掲注(1)。
(7) 中井検裕「都市計画と公共性」蓑原敬編著『都市計画の挑戦』(2000年、学芸出版社)。
(8) 前掲注(2)。
(9) 中井検裕著・日本都市計画学会編『都市計画マニュアルⅠ総論編』(2002年、丸善)。
(10) 小林重敬編著『分権社会と都市計画』(1999年、ぎょうせい)。
(11) 内海麻利ほか「市町村の都市計画マスタープランとの関係におけるまちづくり条例の役割に関する研究」都市計画228号 (2001年)。
(12) 近年、大型店開発の誘導等を目的とした開発手続に住民との協議手続を定めた興味深い例として、「京都市土地利用の調整に係るまちづくりに関する条例」(2000年) などがある。
(13) たとえば、高知市「まちづくり一緒にやろう条例」(2003年) では、パートナーシップを「市民等及び市が対等な立場で協力・連携し、役割や責務を自覚することを通じて築いていく相互の信頼関係をいう」と定義している。
(14) みたか市民21プラン (基本構想) を策定するにあたり策定主体である市民組織 (市民21会議) と市との間でその策定にかかわる役割分担、ルールについて定めた協定。
(15) 「まちづくり一緒にやろう条例」(正式名称「高知市市民と行政のパートナーシップまちづくり条例」)(2003年)、「大和市新しい公共を創造する市民活動推進条例」(2002年)、「草加市みんなでまちづくり自治基本条例」(2004年)。

| コラム | やる気のある多様な主体に向けた「景観法」 |

　「美しく風格のある国土の形成、潤いのある豊かな生活環境の創造及び個性的で活力ある地域社会の実現」を目的に 2004 年 6 月 11 日「景観法」が成立し、同年 12 月施行された。

　そもそも中央政府では、旧建設省都市計画中央審議会答申（1979 年）、旧建設省「都市景観形成モデル事業」等で「景観」という言葉が用いられるが、「従来の公平性・平等性の世界を前提として必要最小限を行う都市計画の世界からは相対的に遠い都市づくりのテーマと考えられてきた領域」などとする考え方により、「景観」は、法律では位置づけられていなかった。このような経緯を踏まえ成立した景観法においては、価値観の転換に関する重要課題として、良好な景観を「国民共通の資産」（第 2 条第 1 項）としてとらえ、「地域の自然、歴史、文化等と人々の生活、経済活動等との調和により形成されるもの」（第 2 条第 2 項）として位置づけている。とりわけ、国・自治体・事業者・住民に対する責務規定（第 3 条～第 6 条）や、「景観行政団体」（第 7 条）という当該法律の運用主体の位置づけは、「やる気のある自治体・事業者・住民」に向けた法律として、その担い手の自主性や主体性を尊重する方向性がうかがえる。

　その位置づけの趣旨を「法律案の概説」に見ると、責務については、「良好な景観を形成するためには、地方公共団体のみでなく、様々な主体が参画する必要があることから、国及び地方公共団体、事業者、住民それぞれの立場において良好な景観の形成のために必要な責務を果たすよう、それぞれの責務として規定している」とされている。

　こうした自治体および多様な主体の自主性を尊重する旨の方向性は、景観法に定められた委任規定をはじめ、法文全体をとおして「できる規定」が多い点、景観計画における提案制度、管理機構制度の創設などに見てとれ、法律がまちづくりに大きく一歩近づいたといえよう。

〔内海麻利〕

第6章

自治体と地域福祉

戦後長い間、福祉の充実は国の役割とされ、地方自治体の先進的な取組みはあったものの、福祉サービスの多くは施設福祉を中心に機関委任事務として位置づけられてきた。一方、1986年に福祉関係事務が団体事務化されたころから、社会福祉は大きな制度改革の時代を迎える。1990年には、社会福祉関連の8法が改正され、そこでは市町村中心主義・在宅福祉への転換が明確にされた。戦後社会福祉制度の象徴とも目されてきた措置制度も見直されることとなり、介護保険制度、支援費制度など新たな制度の創設も相次いだ。一方、1990年代には地方分権が大きな政治課題となり、2000年には地方分権一括法も施行されている。本章では、このような地方分権時代の自治体と地域福祉について述べることとする。

1　戦後社会福祉の歴史

　日本の戦後社会福祉は、混乱と貧困の中から始まった。約500万人にものぼる復員・引き揚げ者、戦災孤児らが国中にあふれる中で、戦後社会福祉は、まずは、生活困窮者への対策から出発したといってよい。1945年には困窮対策としての旧生活保護法（1950年に改正）が、1947年には戦災孤児対策などから児童福祉法が、1949年には戦争傷痍者対策から身体障害者福祉法がそれぞれ制定され、社会福祉の3法体制が整った。また、1951年には戦後社会福祉体制を枠づける社会福祉事業法（現社会福祉法）が制定された。

　さらに、1960年代に入ると上述の三法に続き精神薄弱者福祉法（1960年〔現知的障害者福祉法〕）、老人福祉法（1963年）、母子福祉法（1964年〔現母子及び寡婦福祉法〕）が制定され、社会福祉は6法体制時代を迎える。日本国憲法第25条が「すべて国民は、健康で文化的な最低限度の生活を営む権利を有する。」（第1項）、「国は、すべての生活部面について、社会福祉、社会保障及び公衆衛生の向上及び増進に努めなければならない。」（第2項）とし、国民の生存権を保障し、国の責任が強調される中で、社会福祉施設への入所の措置など社会福祉に関する事務の多くは機関委

任事務として位置づけられた。

　一方、日本は、1970年に高齢化率が7％を超えいわゆる高齢化社会に突入し、核家族化の進展などにより家族機能の脆弱化が指摘される中で『恍惚の人』がベストセラーになるなど、1970年代には介護問題が顕在化・深刻化し始めた。このような問題に対し、国も社会福祉施設緊急整備5か年計画（1971年～）を以て施設不足に対応し、1973年には老人医療費の無料化（老人福祉法の改正による）や年金の大幅アップなどの大幅な改革が行われ、この年は、「福祉元年」と呼ばれた。

2　社会福祉改革

　しかしこの1973年は、世界的には第1次オイルショックの年として長く記憶にとどめられることになった年である。世界経済は一気に冷え込み、日本もこれを境に高度経済成長から低経済成長時代へと転換した。右肩上がりの経済成長を前提に進められてきた福祉国家化は、その前提条件を失うこととなり、巨額の財政赤字を抱えることになった先進諸国ではケインズ主義的経済政策、「福祉国家」の見直しが相次いで始まる。このような動きは英国や米国で特に顕著であったが、日本においても土光敏夫が会長を務める第二次臨時行政調査会（第二臨調）が「増税なき財政再建」路線を打ち出し、これは社会福祉にも大きな影響を与えることになる。

　1983年の第二臨調最終答申を受け1986年には高率補助金の一括削減が実施され、これと連動する形で、いわゆる第二次機関委任事務整理合理化法（「地方公共団体の執行機関が国の機関として行う事務の整理及び合理化に関する法律」）により、社会福祉施設への入所事務などが団体事務化された。以後、関連して社会福祉制度全体の見直しが進む中で、1989年には市町村の役割重視や在宅福祉の充実、民間福祉サービスの健全育成などを内容とする福祉関係三審議会合同企画分科会の「今後の社会福祉のあり方について（意見具申）」が意見具申され、同じ年、ホームヘルパー数や特別養護老人ホームなどにつき具体的な目標値を掲げるゴール

ドプランも発表された。さらに、これらの実現のために、1990年には社会福祉関連8法が改正された。そこでは在宅福祉三本柱が法律で規定され、施設入所事務も町村へ権限移譲されるとともに、市町村が老人保健福祉計画を策定するものとされることになり、市町村中心へ、施設から在宅へという流れが法的にも明確にされた。この改革は長らく動きのなかった社会福祉制度に大きな石を投げ込んだものといえる。すでに、地方自治体においては、長野県の家庭養護婦派遣事業（1956年）を皮切りに、大阪市の臨時家政婦派遣制度（1958年）など在宅老人への福祉サービスが導入され、国においても1962年には家庭奉仕員派遣制度が予算化されてきた。しかし、施設から在宅への転換が叫ばれてはいたものの、実際には施設の整備が急ピッチで進むなど、施設重視の姿勢はなかなか変化しなかった。それが1990年代になり名実ともに在宅福祉重視の政策が展開することとなったのである。

　また、このような状況の中で、戦後福祉実施体制の柱となってきた措置制度も見直されることとなり、1995年の社会保障制度審議会「社会保障体制の再構築（勧告）」では措置制度の見直しが明言された。1997年には、児童福祉法改正により保育所入所の方法が改められ、2000年には介護保険法施行に伴い介護サービスの提供が措置から契約方式へと転換した。また、社会福祉基礎構造改革の議論を受け、2000年には身体障害者福祉法、知的障害者福祉法等が改正され、障害者福祉についても措置制度から支援費制度（契約方式）に改められるとともに、知的障害者等に関する事務が市町村へ移譲されることとなった（2003年より施行）。社会福祉事業法も大幅に改正され（2000年5月19日、「社会福祉の増進のための社会福祉事業法等の一部を改正する法律」）、社会福祉法となり、そこでは、明確に地域福祉の視点が柱に据えられた。

　以上のように、社会福祉制度改革の中で、社会福祉のしくみは、国中心から市町村中心へ、措置制度から契約制度へと大きく変化した。そこで次節では、それぞれの分野についての自治体における福祉の実際を見てみよう。

3 自治体における福祉政策の現状

(1) 高齢者福祉と地方自治体

　現在、高齢者福祉については介護保険法による福祉サービスが一つの柱となっている。市町村が「措置」によって利用者へのサービスを決定していた従来のしくみとは異なり、介護保険制度の下では、利用者は、指定を受けた事業者との契約を介して訪問介護（ホームヘルプサービス）、訪問看護、通所介護（デイサービス）の居宅介護サービスや特別養護老人ホームなどにおける施設介護サービスを受けることになった。サービスを提供する主体は、社会福祉法人や医療法人のほか、NPO法人、営利法人などさまざまで、2005年5月時点での法人種別在宅サービス事業者数は、表6－1のとおりである。これらの事業所や施設については、県知事が申請を受けて事業所・施設ごとに指定または開設許可（介護老人保健施設の場合）を行うが、介護保健制度スタートの2001年と比べてみると、営利法人とNPO法人事業所の増加が著しいことがわかる。

　一方、市町村は保険者となり、要介護認定審査会を設置し、介護の要否および要介護度の認定を行う。これに対し、利用者は、指定事業者に

表6－1　在宅サービス事業者数の推移

法人種別		平成13年5月	平成17年5月	増減
社会福祉法人	社協以外	15,134	19,838	31%
	社協	4,884	5,132	5%
医療法人		42,907	61,093	42%
民法法人		2,666	3,310	24%
営利法人		21,882	50,585	131%
NPO法人		682	2,735	301%
農協		952	1,189	25%
生協		1,401	1,966	40%
地方公共団体		5,384	6,416	19%
（合計）		95,892	152,264	59%

（厚生労働省ホームページより）

サービス利用の申込みを行い契約を締結したうえで、要介護度に応じてサービスの提供を受ける。

　市町村は、介護保険事業が円滑に運営されるよう市町村介護保険事業計画を策定する（介護保険法第117条）。また、市町村はそれだけではなく、老人福祉計画も策定することとなっており（老人福祉法第20条の8）、介護保険では対応できないさまざまな課題への対応も含め、高齢者福祉全体の計画的な実施体制に責任を負うこととなっている。たとえば、福岡市の場合、法定の居宅サービス（訪問介護、訪問看護等）のほかに、非該当となった虚弱などの高齢者への家事援助サービスや生活支援サービスや配食サービス、一人暮らしの高齢者等への緊急通報サービス、声の訪問（電話安否確認）や日常生活用具給付（火災報知器、電磁調理器）、その他、おむつサービス、移送サービス、寝具洗濯乾燥消毒サービス、住宅改造助成、安心ショートステイ、徘徊高齢者SOSネットワーク事業などを行っている。なお、都道府県は、都道府県介護保険事業支援計画を策定することとなっている（介護保険法第118条）。

　施行後5年を経た介護保険制度は、たとえば在宅介護サービスについては、利用者数が2000年4月の97万人から2004年4月の251万人へ、施設介護サービスについては、52万人から78万人へと大幅に増加するなど、制度の認知度も高まり社会ですでに一定の定着を見たといってよい。しかし、介護保険の総費用増大が著しい一方で、在宅ケアの基盤が十分でないことなどから特に要介護度の高いグループについては相変わらず施設志向が高いことなど課題も多かったため、2005年6月には、制度を大幅に見直す介護保険等の一部を改正する法律が成立した。

　同法においては、介護予防通所介護や介護予防訪問介護などの介護予防サービス、地域密着型サービス・地域包括支援センターの創設が行われるとともに、施設給付の見直しも行われ（入所者が居住費・食費を負担することとなった）、予防重視型システムへの転換、地域での生活を支援する体制の強化がはかられている。

(2) 障害者福祉と地方自治体

　障害者福祉については、前述のように1990年の社会福祉8法改正で大きな動きがあった。その後は、1993年に心身障害者基本法が障害者基本法に改称され、市町村障害者計画策定の努力義務規定が置かれたこと、1995年に、精神保健法が精神保健福祉法（精神保健及び精神障害の福祉に関する法律）に改称されたこと、国が1995年に障害者プランを策定し、市町村でも障害者計画の策定がある程度進んだことなどが重要な動きとしてあげられる。

　さらに、前述のように社会福祉基礎構造改革の議論が進む中で従来の措置制度から契約制度への転換がはかられ、2000年には身体障害者福祉法、知的障害者福祉法が改正され、2003年からは支援費制度が実施された。支援費制度は、市町村が決定する支援費の範囲内で、サービス利用希望者がサービス事業者や施設との間で直接契約を行い具体的なサービスを受けるというものであった。しかしスタート直後から利用者の急増に伴う費用増大、地域格差や障害種別間格差の問題などが指摘されたため、2005年には障害者自立支援法が制定され、2006年10月から全面施行されている。同法においては従来身体障害・知的障害・精神障害の間で異なっていたサービスを一元化するとともに、サービスは、介護給付（居宅介護、療養介護など）、訓練等給付（自律訓練、就労移行支援など）、自立支援医療などからなる自立支援給付と地域生活支援事業（相談支援事業、異動支援事業など）に体系化された。また、福祉サービスの利用手続きについては、市町村が障害程度区分の認定を行ったうえで、介護者の状況や利用者の希望を基にサービス支給量の決定を行い、利用者はこれに基づきサービス提供事業者との間で契約を行うこととなった。自立支援法に対しては、サービスの一元化などが評価される一方で、利用者の定率（1割）負担導入などを中心に批判が根強く、制度改正を求める声も強い。

　また、前述のとおり、障害者基本法においては市町村障害者計画の策定は努力義務となっていたが、2004年6月の障害者基本法の改正におい

て、都道府県、市町村ともに、都道府県障害者計画、市町村障害者計画の策定を義務づけられることとなった。加えて、上述の障害者自立支援法では市町村と都道府県は障害福祉サービス、相談支援、地域生活支援事業の提供体制の確保についての計画（市町村・都道府県障害計画）を策定するものとされ（第88条、第89条）、すでに各自治体において計画期間に入っている。

(3) 児童福祉と地方自治体

前述のように戦後児童福祉にとって喫緊の課題となったのは戦災孤児の保護などであったが、高度経済成長期になると、核家族化の進行、共働き世帯の増加等による家庭の子育て機能弱体化への対応が大きな課題となり、1971年から始まる社会福祉施設緊急整備5か年計画では保育所の大幅な整備が進められた。その後、さらなる核家族化の進行、共働き家庭の増加に加え、1990年のいわゆる1.57ショックなど急速な少子化が顕在化する中で、日本では、少子化および家庭や地域の子育て機能の低下をふまえた子育て支援が重要な課題となってきた。

1994年には、文部・厚生・労働・建設4大臣の合意によって、「今後の子育て支援のための施策の基本的方向について（エンゼルプラン）」が策定され、それを受けて保育所や学童保育（放課後児童対策事業）に数値目標を立てる「緊急保育対策等5か年事業」（1994～1999年度）が策定された。1995年には厚生省児童家庭局長通知によって市町村児童育成計画の策定が奨励されたことに伴い、市町村では子育て支援計画の策定が相次いだ。

この間、1997年には保育所への入所方式を変更する児童福祉法の改正が行われ、保育所への入所は、利用希望者が利用の申し込みを行い、資格要件が認められれば、都道府県・市町村が利用を応諾、受託事業者に保育等の実施を委託するという形になった。

また、人口問題審議会の「少子化に関する基本的考え方について」（1997年）や少子化への対応を考える有識者会議の「夢ある家庭づくりや子育てができる社会を築くために（提言）」（1998年）などによって少

子化問題が正面からをとりあげられるようになり、そこでは仕事と育児の両立支援、家庭における男女共同参画の推進、子育てサービスの整備などが強調された。1999年になると、これらに続き、少子化対策推進関係閣僚会議において少子化対策推進基本方針が決定され、「重点的に推進すべき少子化対策の具体的実施計画について（新エンゼルプラン）」（2000〜2004年度）が策定された。さらに、2001年には、待機児童ゼロ作戦の推進や放課後児童の受入れ体制の整備等を盛り込んだ「仕事と子育ての両立支援策の方針について」が閣議決定されている。

2002年になると、新しい将来推計人口によって出生率予測が1.39とされ、さらに少子化の主たる要因として、晩婚化に加え、「結婚した夫婦の出生力の低下」が認められたことから、さらなる少子化対策として、次世代育成支援対策が推進されることとなった。その一環として、2003年には児童福祉法が改正され、子育て支援事業が法定化された（第21条の8以下）。市町村は、その中で実施に必要な措置の実施に努めることとされるとともに、子育て支援事業に関し必要な情報の提供を行うなどすることとされている。この改正は、これまで要保護児童、保育に欠ける児童を主として対象としていた児童福祉法を、子育て家庭の孤立や地域の子育て機能の低下に対応したすべての子どものための児童福祉法へと転換するねらいをもったものであったといえる。同年には次世代育成支援対策推進法が制定され、同法に基づき、都道府県と市町村はそれぞれ次世代育成支援対策に関する市町村行動計画、都道府県行動計画を策定しなければならないこととなった。2007年現在、各自治体においては、行動計画に基づき具体的な取組みが展開されている。

(4) 地域福祉計画

さて、以上のように、1990年代以降、高齢者、障害者、子どものそれぞれについて、サービスの利用方式が変わるとともに、多様な主体がサービスを提供する一方で市町村が中心となってその基盤整備に責任をもつ態勢へと、福祉の形は大きく転換してきた。このような流れの中で、現在重要な課題となっているのが地域福祉の充実である。前述の社会福

祉基礎構造改革の中ではこれまでのような縦割りではなく、地域の中で、生活を総合的に支援していくための地域福祉の充実が改革の方向として示され、2000年には、社会福祉事業法が大改正され社会福祉法となった。社会福祉法はその対象分野を社会福祉事業から「社会福祉を目的とする事業」へと広げ、第2条で規定する社会福祉事業だけでなく当事者組織やNPO、住民参加型サービスなど幅広い主体が社会福祉の担い手となることを明らかにした。また、それとともに、その目的として「地域における社会福祉（地域福祉）の推進を図」ることを掲げ（第1条）、地域住民と社会福祉を目的とする事業を経営する者、社会福祉に関する活動を行う者が、ともに、地域福祉の推進に努めなければならないとした（第4条）。長い間、日本においては社会福祉問題を抱えている人や家族を地域という面で支援しようとする考え方とそのシステムがなかったとされるが（大橋謙策『地域福祉』1999年、放送大学教育振興会、20頁）、新しい社会福祉法の下では、「地域」、「地域福祉」が、社会福祉増進の中心的な柱として位置づけられたのである。その上で、社会福祉法では、その増進のために、地方自治法第2条第4項の基本構想に即して市町村が策定する市町村地域福祉計画（社会福祉法第107条）、および市町村地域福祉計画の達成に資するために、都道府県が策定する都道府県地域福祉支援計画（同法第108条）が規定された。これらの計画は、市町村、都道府県に義務づけられたものではないが、第6条で、国および地方公共団体の福祉サービス提供体制の確保に関する責務が規定されていることから、多くの自治体が地域福祉計画の策定に臨んでいる。

4 自治体地域福祉新時代

(1) 地域福祉の必要性

これまで、戦後社会福祉の歴史をたどり、現在、地方自治体においてどのように福祉サービスが提供されているのかみてきた。そこでは、戦後の貧困への対策として始まった福祉が、対象者ごとに福祉法を制定し施設福祉を充実させてきた歴史、また、現在では、それに代わって総合

的な地域福祉の充実が大きな課題となっている事情が明らかにされた。そのような流れは、第1期＝生活保護を中心とした福祉事務所の時代（戦後初期〜）、第2期＝社会福祉施設の時代（1971年〜）、第3期＝在宅福祉サービス整備の時代（1990年〜）と区分されることもある（大橋・前掲21頁）。

　ところで、これまで地域福祉の充実について触れながら、それが必要になった理由や背景については述べてこなかった。そこで、ここで地域福祉についてなぜそれが必要なのかもう一度考えてみることとしよう。

　まず第一に人口の高齢化である。前述のように、1970年、日本は高齢化率が7％を超え高齢化社会に突入し、1994年にはそれが14％を超えいわゆる高齢社会となった。そのスピードは他国と比べても速く、2013年には25.2％、2055年には40.5％になるものと見込まれており、人口の3分の1を65歳以上の高齢者が占める本格的な高齢社会の到来が目前に迫っている（将来見込みは平成19年版高齢社会白書による）。そこでは、前期高齢者人口が2016年以後減少するのに対し、要介護となる可能性の高い75歳以上の後期高齢者人口が増加し続け、2017年には前期高齢者人口数を上回り、2055年には人口の26.5％を占めるまでになると予測されるなど、高齢化率の上昇というだけにはとどまらない新たな事情も出てきている。80余年の人生のうち最後の数年間に介護を受けることがすべての人にとって当たり前の時代が来つつあるのである。介護は、わが身と無関係な話ではなく、身近な問題、自分自身の問題となる。その時代にあって、限られた人を対象とし、人里離れた施設での介護を中心とする福祉が現実的でないのは当然のことである。

　第二にノーマライゼーションの理念の普及である。1950年代、60年代にデンマークのバンクミッケルセンやスウェーデンのニーリエらによって提唱され推進されたノーマライゼーションの考え方は、日本にもじき伝わり、1984年の身体障害者福祉法の改正にも大きな影響を与えた。障害の有無にかかわりなくその生活の条件がノーマルであるべきであるというノーマライゼーションの理念が一般的になってくるに伴い、障害をもち介護が必要だからといって、住み慣れた地域を離れ大規模施

設に入所し、そこで一生を終えるのを当然視するようなそれまでの障害者福祉のあり方が疑問視されるようになってきた。そのような考え方からすれば、施設から在宅へ、あるいは身近なところにある小規模施設での福祉という流れは当然といえる。

「地域福祉」の概念は、今でも必ずしも明確ではなく、在宅福祉と同義にとらえられたり、在宅福祉を含むその上位概念と捉えられたりするが、大橋は、それを、「自立生活が困難な個人や家族が、地域において自立生活できるようネットワークをつくり、必要なサービスを総合的に提供することであり、そのために必要な物理的、精神的環境醸成を図るため、社会資源の活用、社会福祉制度の確立、福祉教育の展開を総合的に行う活動」（大橋・前掲33頁）と定義する。

すでに1970年代には中央社会福祉審議会の「コミュニティ形成と社会福祉」（1970年）、全国社会福祉協議会の『在宅福祉サービスの戦略』（1979年）などに見られるようにその重要性は十分に認識されていたものの、法制度的にもその方向に向かって動き出したのは1990年代に入ってからだった。

ところで、自立生活が困難な人が、地域で暮らすことと施設で暮らすことの差は思った以上に大きい。従来型の施設福祉サービスにおいては、利用者を属性ごとに細かく分類し、分類ごとに種類の異なる施設に入所させ、その上で決まった規格の設備、サービスを提供するというやり方がとられてきた。そして「施設での生活」を支障なく送ることができるように施設側から総合的なサービスが提供される。画一的ではあるが、生きていくには必要なものがそこではそろうのである。

一方、地域で暮らすとなるとこれとは全く異なる状況となる。地域には、さまざまな身体状況、精神的状態、住居状況、家族状況、環境の人が暮らしており、似たようなニーズの人がまとまって住んでいることなどありえない。また、仮に状況が似ているからといって望まれるサービスが同じとも限らない。地域で暮らすことの最も大きな意義は、それぞれの人が、それぞれの人らしく当たり前の生活をしていけることであり、地域福祉の最大の意義は、障害の有無や年齢にかかわらず、「家庭や地

域で人としての尊厳をもってその人らしい生活ができるよう」支援することにある。ある利用者にとっては好ましいサービスも別な利用者にとってはそうでないこともあろう。サービスに人を合わせるのではなく、それぞれの人の必要と求めに応じたサービス提供が重要となるのである。

　これらのことから、いくつかの帰結が導かれる。すなわち、その人らしい生活を地域で支えるには、第一に、多様な種類のさまざまなサービスが必要だということ、第二にそれらのサービスが断片的ではなく総合的に提供され、その人の生活を一体的に支えることができるようにする必要があるということ、第三に、そのような支えはサービスの対象者を高齢者、障害者、子どもなどに分類し、分類ごとに規格化されたサービスを提供していくようなタテ割り的やり方では行うことができず、サービスを必要とする人それぞれにその都度の必要に応じて提供していくようなやり方が必要なこと、第四に、公平・平等ではあるが画一的な行政のサービスだけではそのような要請に応えることはできないということ、したがって、第五に、さまざまな主体が多様なサービスを連携しながら提供していくしくみや体制づくりが必要だということである。

　以前は、公といえば行政、とくに国のことだったが、今や公共を担う民の存在が世界的にも注目されている。上のような条件を整備していくためには、身近な基礎的自治体への地方分権と、行政と市民が手を取り合ってそのようなサービス提供体制を整える協働のしくみづくりが不可欠だといえる。

(2) 自治体のガバナンス

　さて、前述の地域福祉計画は、このような体制を地域で創っていくための一つのツールであるといえる。そこでは、一体どのようなことが自治体に求められるのだろうか。

　地域福祉の時代にあっては、それぞれの人が、「家庭や地域で人としての尊厳をもってその人らしい生活ができるよう」支援することが重要となってくる。そのためにはその人の生活上のニーズを満たすためにさまざまな資源がうまく組み合わされなければならない。一方、それぞれ

の地域に存在する福祉の資源は異なるし、望まれる組み合わせ方も地域により、また個人の嗜好や家族の状況によって異なってくる。そこで、それぞれの地域で、必要な資源をどのように調達してくるのか、どのように組み合わせるのか、さまざまな資源をもつ地域の主体がどのように連携するのかといったことを決め、実現していくことが重要なポイントとなってくる。その全てを行政がカバーすることはできないし、またそうすべきでない部分もある。どこからどこまでを自治体政府がカバーするのかという行政の守備範囲の画定も重要だ。地域福祉計画はこれらの内容について決めるガバナンスの重要な手段となるのである。

そこで次に、このようなしくみをつくりそれを実現していくうえで何が大切なのか、特に自治体政府にとって何が重要なのかを考えてみよう。ここでは、三つのレベルで参加と協働のガバナンスが必要な点について指摘したい。

一般に、計画は、計画を策定するプロセス（PLAN）、計画を実施するプロセス（DO）、実施した計画を評価するプロセス（SEE）の三つに分けることができる。計画が策定されるプロセスは、問題が認識、構造化され、解決案が探索され、そして最終的に目的と手段をもつ一つの体系の行動案として決定されるプロセスである。そこでは、計画の対象・範囲、期間、実施に関わる主体などが次第に明確になり、さらに目標や手段が具体化され、政府の計画として決定される。そしてこのようにして決定された計画は事業化され予算がつけられ実施される。実施された計画は事後にその有効性や効率性の観点から評価される。

先に指摘したように、他の多くの分野と同様、地域福祉も行政だけで自己完結的にそれを実現していくことは不可能である。また、どこからどこまでが行政の守備範囲なのかもアプリオリに決まっているわけではない。そもそも何が問題で、何がニーズなのかということについても最初から明白なわけではない。したがって、計画プロセスの最初の段階では、慎重に問題を把握し、その性質を見極め、計画の対象や範囲・行政のカバーする範囲などを画定していくことが重要となる。そしてそこでは、利用者、サービス提供者、ボランティア団体など直接福祉に関わる

アクターはもちろん、広く住民もその初期の段階から参加していくこと、自治体政府の側からいえば、彼らの参加の場としくみをつくることが第一に重要なポイントとなる。

　長い間、日本の社会福祉は提供者主体の福祉だといわれてきた。近年になり、社会福祉の本当の主役が利用者であること、利用者主体の福祉こそ重要であることがようやく強調されるようになった。利用者主体の福祉を目指すのであれば、サービスの供給体制を決めるそのプロセスに利用者自身が関わっていくことがまず求められる。

　また、繰り返し述べてきたように、地域福祉にあっては、行政、社会福祉事業者、NPO、ボランティア団体などさまざまな主体が連携しながらそれをつくりあげていくことが求められている。そこで、これらの主体についてもまた当然ながら、計画策定段階からの参加が求められる。さらに、住民も、潜在的利用者として、また、主権者として計画策定に積極的に参加していくことが求められている。未曾有の財政難に加え、地域に問題が山積する状況の中で、一体何に優先順位をつけていくのか、行政の守備範囲はどこからどこまでなのか、行政はどのような形でかかわるべきなのか等、将来の自治体の方向性を決める重要問題について、主権者である市民が直接かかわっていくことが重要である。このようなことから、新しい社会福祉法においては、第107条、第108条で、市町村地域福祉計画、都道府県地域福祉支援計画を策定する際には、あらかじめ住民等の意見を反映させるために必要な措置を講ずることとその内容を公表することが求められているのである。

　第二に、実施段階での協働の重要性である。「協働」は、必ずしも厳密な用語法で使われている言葉ではないが、英語のcollaborationやpartnershipに対応する日本語としてある程度定着しており、概ね「対等」で「独立な」組織が共通の目的のために協力・協調していく行動を指すものと理解されている。

　前述したように、現在、地域では単一の主体だけで福祉を必要としている人のニーズを満たしていくことは不可能となっている。それに対して、たとえば介護保険制度においては、ケアマネジメントを介して、複

数のサービス供給主体が競争する中で、サービスが組み合わされるしくみがつくられた。そこでは、サービス提供段階で、サービス供給主体同士が連携・協力しながら、利用者の生活を支えていくことが求められている。加えて福祉サービスを必要とする人の生活を介護保険制度によって全てカバーすることはできないので、それ以外の多くの主体——たとえば、高齢者の社会参加をサポートするボランティア団体やちょっとした家の補修をするNPOなど——が連携して、その生活を支えることも求められている。新しい社会福祉法がその対象分野を社会福祉事業から「社会福祉を目的とする事業」へと広げたことからもわかるように、地域福祉のネットワークの外延はどんどん広がっているのである。そこではある面では競争し、ある面では協働する複雑なネットワークの共同管理が重要になるのであり、各サービス供給主体がどのように連携・協働していくのかが問われているといえよう。

　その中で、自治体政府の役割もますます重要となる。社会福祉改革の過程で、サービスの具体的・直接的な提供者としての自治体の役割は後景に退いた。一方で、自治体政府は、利用者主体の福祉に不可欠な競争的・協働的・多元的なネットワークのための条件整備という重要な役割をもつこととなった。自治体政府は他のさまざまな組織とさまざまな手法を用いながら協働し、対等で独立した諸組織が競争的に、またあるときは協働的に利用者にサービスを供給していく多元的でオープンなネットワーク創出の条件整備を行っていくことが求められているのである。

　第三に、評価の局面での参加の重要性である。先に計画のプロセスを、PLAN－DO－SEEからなると述べたが、日本においては、長い間SEE（評価）の部分はほとんど顧みられることがなかった。しかし、利用者主体の地域福祉を充実させていくためには事前・事後およびさまざまなレベルでの評価の視点が欠かせない。評価には、行政による評価や専門家による第三者評価、市民の評価などがある。また、評価の対象からみれば、地域福祉の実施体制の評価、計画の進行状況の評価、サービスの量や質の評価などがある。評価の方式からみれば、簡便な自己評価もあれば、第三者による専門的に深く集中的に掘り下げて行う評価もある。

それらの評価がある時には行政主導で、またある時には住民主導で重層的・多角的に、行われていくことによって、地域福祉の実践が、現在どの段階まできているのか、問題は何なのか、これから何をすればよいのかが初めて明らかになるのである。

■ おわりに

　この章では、地方自治体における地域福祉について考えてきた。中央集権的で措置を柱とした従来型の福祉が、利用者主体の分権的で多元的ネットワーク型の福祉に移行するに従い、自治体における福祉のガバナンスはますます重要になってきている。

　中央集権的なシステムの下では、福祉の形を決めるのは国であり、住民はそれに対して要求をするという立場に立ってきた。それに対して、分権的なシステムの下では、利用者、さまざまなサービス供給主体、そして住民自身が参加する中で福祉の形を決め実現していくことがこれまでになく重要になってきている。また、それらの協働のための条件を整備していく自治体の役割もこれまで以上に重要になってきている。

　本章で述べたように、日本は近いうちに人口の3分の1が高齢者になるという超高齢社会に突入する。右肩上がりの成長も望めない状況の中、いかに住民自身が選択する福祉の形を作っていくかが自治体の将来を左右するといってもよい。

第7章

自治体環境政策の軌跡と持続可能性

2005年2月16日、京都議定書が発効した。これによって日本は、2008年から2012年の間に温室効果ガスを1990年比で6％削減する国際的な義務を履行しなければならない。環境問題の基礎を学ぶ際に「社会的ジレンマ」という考え方がよく紹介される。それは、個にとっては合理的な選択と行動が、全体にとっては非合理的な結果を招いてしまうということを意味している。たとえば日本のような大量生産・大量消費・大量廃棄社会において市民は最大限といってもよいほどの利便性を享受してきた。そしてそれは消費者としては合理的な選択であり行動であったといえる。しかし、そのような市民生活の集積の結果が資源の枯渇、生態系の破壊、地球温暖化を加速させてきた。その意味では、経済大国日本への道程は非持続可能な社会の形成史でもあったのである[1]。

　こうした社会的ジレンマにどのように立ち向かうべきか。現代文明の形成史をふまえて、これからの1000年のあり方を考えるべきであるという論者もいる[2]。

　確かに1000年というタイム・スパーンは、環境問題を考える上で大切な視点を与えてくれる。通常の公共政策であれば数年からどんなに長くても数十年の範囲が視野の限界であるが、環境政策の特性は長期的な時間軸にあるといえるであろう。他方で、上述のような社会的ジレンマは最終的には一人一人の市民の問題に帰着するのである。したがって市民生活に密着した自治体環境政策の要諦は、現代文明の未来という視点をもちつつ地域の社会的ジレンマの問題に政策的に向き合っていくことであるといえる。もし多くの地域社会において環境負荷の小さな次の文明モデルが生まれ集積されてくるならば、国内全体、さらに国際社会全体で非合理的な結果を回避できるかもしれない。自治体環境政策にはそのような発想に裏づけられた志が必要であろう。

　本章では、以上のような問題意識を前提として、自治体環境政策の軌跡を地域の持続可能性という観点で概説する。

1 自治体環境政策の発展段階

(1) 環境政策の世代区分

　現代の自治体環境政策は、対象領域がきわめて多岐にわたるマルチ・ディメンショナル（multidimensional）な段階に入っている。行政学者として先駆的に環境政策を研究してきた宇都宮深志はそのことも含めて、日本の環境政策の発展段階を3世代に区分している。

　宇都宮のいう「第1世代」は、1955年から1975年の公害規制の時代である。この第1世代の主な対象は公害と自然保護であって、前者の規制では一定の成果をおさめたが、しかし制度的課題（環境影響評価に関する法律の制定や環境庁の権限強化）と多くの政策課題（有機物質による水質汚染防止、都市・生活公害の防止、エネルギー問題への対応、新規の化学物質や有害物質の規制、広域汚染）などが残されたという。

　次に「第2世代」は、1976年頃から1987年であり、環境概念が拡大的にとらえられ、環境政策も多次元的な「包括行政」と理解されるようになる時期である。第2世代では、「アメニティ」という言葉が普及しはじめたことに象徴されるように、「快適な環境創造」がキーワードになったという。ここでいう「環境創造」は、「自然と人間の共生関係を強化し、持続可能な共同社会を構築する上で、プラス効果をもたらす人為的管理活動」と考えられており、第1世代の「対症療法的行政」（Reactive Administration）から「積極的に前向きに対応する行政」（Proactive Administration）、「創造的行政」（Creative Administration）への転換が第2世代の特徴である。

　最後に「第3世代」は、地球環境問題が国際的に浮上してくる1988年頃から現代までである。地球温暖化対策や生物多様性の保全に代表されるようなグローバルな諸課題が、国際政治の争点にとどまらず国内政治の課題になっていくことが第3世代の登場の背景である。

(2) 高度経済成長期から現代までの動向

　以上のような3世代に区分された日本の環境政策は、国レベルと自治体レベルに分けることが可能である。そこで自治体環境政策の発展段階について、上記の世代区分に即しながら若干補足してみたい。(4)

　まず第1世代が登場する時期は日本の高度経済成長期である。この時期は工業化と都市化によって地域環境問題が激化する時代であった。しかし、国も自治体も経済発展に向けた地域開発が国内行政の基調であった。1967年に制定された公害対策基本法も1970年の公害国会で改正されるまでは、1958年の水質二法（水質保全法、工場排水規制法）や1962年の煤煙規制法と同様の「経済調和条項」、つまり「生活環境の保全」は「経済の健全な発展との調和」を図るという規定があり、経済発展が主、環境は従という時代が続いた。

　このような時代にあって、市民生活に責任を負う立場から先駆的に問題に取り組む自治体が出てくる。法的な対応としては、たとえば東京都は、1949年に、公害防止義務の程度を明確化する排出基準を欠いていたものの工場公害防止条例を制定し、この動きは1950年の大阪府、1951年の神奈川県をはじめとして各府県に波及した。さらに1969年に東京都が制定した公害防止条例は、経済調和条項を国にさきがけて排し、工場の認可制や立地規制、法律以上の基準設定といった内容を有しており、翌年の公害国会で上乗せ・横出し規制の可能性を法律上で明確化させることにつながった。(5)

　また1964年には、横浜市が、根岸・本牧臨海工業地区への磯子火力発電所の立地について、条例による規制が困難であることを乗り越えるために、法律以上の規制を個別にもとめる公害防止協定を電源開発株式会社と締結した。(6) さらに地域開発の大きな波に対して、都市計画法上の権限の不十分さに直面した都市自治体は、開発指導要綱による行政指導でディベロッパーをコントロールした。そして協定や要綱は、この時期から自治体独自の環境マネジメントの政策手法として普及していく。

　高度経済成長期は、工業化による産業公害問題と都市化によるさまざ

まな都市問題を引き起こした。大量生産・大量消費・大量廃棄社会が形成されたのもこの時期であり、人口が急増した都市部では廃棄物問題が激化することになった。1970年のいわゆる公害国会では、1954年制定の清掃法に代えて廃棄物処理法が制定され「廃棄物」という概念が法律に登場する。しかし、自治体の施設整備は追いつかず、東京都では1967年に発表された杉並清掃工場の建設をめぐる反対運動が勃発し、1971年に美濃部知事は「ゴミ戦争」を宣言した。

　以上のように高度経済成長期を振り返ると、経済と環境がトレード・オフの状況にあって生活環境を防衛するために登場したのが第1世代の自治体環境政策であったといえる。ただし、工業化や都市化という社会経済構造の変化に対して、国の政策対応を待たずにチャレンジしていくという「ローカル・イニシアティブ」を発揮したことは、高度経済成長期から今日に続く自治体政策全般の発展にとっても歴史的意義があったといえるであろう。

　ところで、環境政策の多次元化が一般的に顕著になったのは次の第2世代であるとしても、高度経済成長期には環境概念を幅広く認知した政策実践がすでに都市自治体においてみられた。たとえばシビル・ミニマムに基づき経済成長、開発優先の都市政策を転換させる論理をもった計画行政への取組みである。シビル・ミニマムには次のとおり二つの意味がある。第一に、①「社会保障」、②生活にかかわる住宅や施設などの「社会資本」、③環境権にかかわるような公害、公衆衛生などの「社会保健」を市民の「生活権」と位置づける。第二に、生活権を実現していくことを自治体の「政策公準」と位置づける。

　このシビル・ミニマムの考え方に基づいて東京都は1968年に東京都中期計画を策定し、武蔵野市は1971年に長期計画を策定した。特に武蔵野市は、福祉も含めた多様な「地域生活環境指標」を地図情報化し、その上で市民参加型の計画行政を展開した。今日的視点で評価すると、それは現在の「持続可能性」という考え方にも通じる国内の先駆的な政策実践であり、また、すでにこの時代において地域環境の内容が自治体政策において幅広く認知されていたといえる。

さて、第2世代の「快適な環境創造」をキーワードとする時代は、高度経済成長が終焉を迎え、行政の質が問い直される「行政の文化化」が提起された時期と重なっている。行政の文化化は、美術館や博物館の建設と運営、芸術活動の育成支援という個別政策領域としての「文化行政」に限定されるものではなく、行政全体の質・文化水準を問い直す主張であり実践であった。そして行政の文化化の一環として、景観行政に取り組む自治体が増えていくのであり、そのような各地の政策実践の蓄積が2004年の景観法制定の背景にあったことを確認しておきたい。

　こうした動向は、土木・都市計画といった地域空間形成に関する政策領域が環境政策のターゲットになり始めたことを意味する。それゆえ、行政の文化化は、自治体環境政策が「包括行政」へと進んでいく重要な契機になったといえる。

　最後に第3世代では、自治体レベルで地球環境問題に対応する新たな政策内容が登場するとともに、グローバルな視点で第1世代、第2世代の自治体環境政策がとらえ直される、すなわち「グローバルに考えローカルに行動する」(Think Globally Act Locally) 時代が到来する。宇都宮が第3世代の登場を1988年頃としているのには国際的な意味がある。1987年には国連の「環境と開発に関する世界委員会」（通称ブルントラント委員会）による報告書『我ら共通の未来』(Our Common Future) がまとまり、報告書に記された「持続可能な発展」(Sustainable Development) の概念が国際社会に普及していく。さらに1988年の国連総会は環境総会の様相を呈し、翌89年には92年のリオ・サミット（国連環境開発会議）の開催が決定された。89年は東西冷戦の終結の年と重なっており、環境問題が国際政治の争点として急浮上することになったのである。そして1992年の気候変動枠組条約に基づく97年の第3回締約国会議（COP3）で京都議定書が採択された前後から、国際情勢の国内行政への波及が顕著になっていく。

　1998年に国は地球温暖化対策推進大綱を策定し、また同じ年に地球温暖化対策推進法が制定された。同法に基づくと自治体は、地域特性に応じて温室効果ガスの排出抑制のための施策を推進するとともに、自ら

の事務事業からの温室効果ガスの排出抑制のための措置や施策情報の住民・事業者への提供について責務を負うことになった。そして、国の「京都議定書目標達成計画」を勘案して地域特性に応じた総合的かつ計画的な施策の策定と実施について努力義務を負い、また事務事業からの温室効果ガスの排出抑制に関する措置について実行計画を策定することになった。さらに、国とともに自治体は、森林の整備・保全、緑地保全・緑化推進によっても温室効果ガスの吸収作用の保全・強化を求められることになった。なお省エネ法や新エネルギー利用促進法といった個別法レベルでも、自治体の法環境は変化していく。

　ところで、多様な地域社会のうち活発な社会経済活動による温室効果ガスが大量に放出されているのは主に世界中の都市においてであり、都市政策のあり方は重要な意味をもつ。さらにその関連でいえば、巨大都市東京に典型的にみられるように局地的に気温が上昇するヒートアイランド現象と合わせて二重の温暖化が近年大きな問題になっている。したがって、地域環境問題と地球環境問題の複合という事態に都市自治体は直面しているのである。

　すでに多くの自治体は地球温暖化を抑制するための政策に取り組んでいる。たとえば東京都は、二酸化炭素排出量が著しい業務部門に着目し、エネルギー消費量の多い大規模事業者に対する「地球温暖化対策計画書」制度、大規模建築物の新築または増築を対象とした「建築物環境計画書」制度に基づいて、自主管理と情報公開といった政策手段を講じている。また京都市では地球温暖化防止条例が2005年4月に施行され、「特定事業者排出量削減計画書」制度、「特定建築物排出量削減計画書」制度、「特定排出機器販売者の表示義務」制度を導入している。

　このような取組みが各地で始まっているものの、都道府県・指定都市を対象とした調査によると、現状において温室効果ガスの削減に成功している自治体は10にとどまり、むしろ国内全体と同様に増加傾向にある（朝日新聞、2005年2月13日）。また環境自治体会議環境政策研究所によると、2000～2010年で96％の市町村（3000をベースとした場合）で民生部門の二酸化炭素排出量が増え、特に人口3～30万人の規模の自治体

で高齢者世帯の増加が在宅時間を延ばし、独り暮らしも増えるため、1人あたりのエネルギー消費量が増加するという（朝日新聞、2005年3月10日）。

　2005年2月16日に京都議定書が発効し、国は京都議定書目標達成計画を策定した。さらに同年の地球温暖化対策推進法の改正によって、自治体に続いて国も一定規模以上の事業者を対象とした温室効果ガス排出量の報告制度を導入した。国際的な環境政策の義務の履行という政策空間を自治体と国が共有し、それぞれが政策イノベーションを求められるという状況は、最近の用語でいえば、グローバル・ガバナンス、ナショナル・ガバナンス、ローカル・ガバナンスの連動という事態を端的に示しているといえるであろう。

2　多次元的な自治体環境政策と持続可能性

(1) 自治体環境政策と循環型社会

　90年代半ばから現在までの自治体環境政策の状況を鳥瞰すると、第一に新たなパラダイム（認識枠組み）や新たな政策原則の登場、第二に、それらを反映する環境政策の多次元化、言い換えると環境政策の政策空間の拡大、第三に、基本制度や政策実施スキームの整備といった三つのポイントを指摘できる。

　第3世代の自治体環境政策をめぐって若干言及したが、90年代から今日まで環境政策に関する新法制定や法改正が相次いでおり、自治体は法環境の変動期に直面している。多くの立法の中で、1997年の環境影響評価法の制定は、国に対して自治体が環境アセスメントの先行的取組みを進め、第1世代の環境政策と同様のローカル・イニシアティブを示す経過ケースである。また1993年の環境基本法の制定とそれに基づく国の環境基本計画の策定（2006年に第3次環境基本計画を閣議決定）は、自治体レベルでの環境基本条例と環境基本計画の増加という動向と並行している。[15]

　ところで自治体環境政策について上記の三つのポイントを考える場合、

循環型社会に関する政策展開に着目する必要がある。法律上では1993年の容器包装リサイクル法、98年の家電リサイクル法、2000年の循環型社会形成推進基本法、建設資材リサイクル法、食品リサイクル法、グリーン購入法、資源有効利用促進法、2002年の自動車リサイクル法などの立法が相次いでいる。

　このうち個別リサイクル法を体系化する位置にある循環型社会形成推進基本法では、「循環型社会」という概念が法的に位置づけられた。同法では循環型社会について、製品が廃棄物となることが抑制され、循環資源となった場合は適正な循環利用が促進され、それが困難な場合は適正な処分によって、天然資源の消費を抑制し環境負荷をできる限り低減する社会と規定している（第2条）。そして同法では、廃棄物および循環資源の扱いに関する優先順位として、①基本としての廃棄物の発生抑制、②廃棄物が発生する場合の循環資源としての再使用、③再使用ができない場合の再生利用、④再生利用ができない場合の熱源回収、⑤再使用、再生利用、熱源回収ができない場合の処分という基本原則が定められた。さらに同法に基づく国の循環型社会形成推進基本計画（2003年）では、「大量生産、大量消費、大量廃棄」社会から「最適生産、最適消費、最少廃棄」社会への転換を提示した。

　自治体環境政策にとって、この循環型社会形成推進基本法には少なくとも二つの意味がある。第一に、循環型社会への転換というパラダイム・シフトは、公共政策の基本的方向性を規定するということである。第1世代の環境政策はリアクティブな対症療法的な行政であって第2世代に入ってプロアクティブな創造的行政に転換したという宇都宮の説明についてはすでに紹介した。これら二つの行政対応の対比に基づくならば、人為的活動によって発生してくる廃棄物をいかに適正に処理処分するかという狭い意味での公共サービスの発想から、社会経済システムを構造改革していくためにプロアクティブに介入していく公共政策の構築へとパラダイム・シフトが求められているといえるであろう。

　第二に、そのことは自治体の政策的な位置の変化を意味するであろう。廃棄物処理法上の産業廃棄物は、排出事業者の自己処理責任が原則であ

るが、90年代半ばから各地で顕在化した不法投棄、処理処分施設の立地をめぐる住民投票運動などの環境紛争が続発したこともあって、公的関与が強化される方向にある。それに対して、循環型社会形成推進基本法の前後から、廃棄物処理法に基づいて市町村が一般廃棄物の収集・運搬・処理処分を行う政策実施スキームが、個別法で変更され始めた。

　家電リサイクル法では、理論的には収集運搬費用と処理費用を販売価格に上乗せしたほうが循環利用を考慮した製品の設計と製造を生産者に促すのに対して、排出時に消費者が負担するルールであること、そしてそれが不法投棄を助長すること、消費者が料金を支払った後に不正輸出される可能性など政策実施スキームの問題が指摘されている。(16)ただし市町村は、対象品目を粗大ゴミからはずし、小売業者や指定法人が引き取れないもののみを再商品化ルートに乗せるという補完的な役割を担うことになった。同様に個人で使用するパソコンについても、資源有効利用促進法により、市町村による粗大ゴミとしての回収から事業者による回収と再生利用へと静脈ルートが変更された。

　これら二つに共通するのは、市町村の一般廃棄物処理スキームからの切り離しである。この点では容器包装リサイクル法が、もっともコストのかかる収集・保管・選別業務を市町村の責任にしているため、製造メーカーの責任ある取組みに対するインセンティブが弱いという限界がある。したがって「汚染者負担原則」とともにOECDが提唱する「拡大生産者責任」の原則が十分に反映されていないという問題が現行法にはある。(17)

　このように過渡期的な状況にあるが、自治体が社会の行政需要に応えるために公共サービスを実施し、その能力を超える場合には需要を制御するものと考えられてきた行政のメカニズムとは異なる方向性が「循環型社会」というパラダイムによってみえてきたことは確かであろう。つまり社会経済システムの構造改革を進めるためには、廃棄物に関する「第1次的責任主体」は市民および事業者として、自治体は「第2次的責任主体」へと位置関係を逆転させるということである。(18)それは、あるべき社会経済システムを前提として、市民・事業者に従来の行政需要の

処理を振り分けて、自治体は、静脈ルートの補完的な役割やステークホルダーと連携しながら政策実施システムを管理・調整していく役割に移行していくという方向性である。

(2) 持続可能性と自治体環境政策の政策空間

「循環型社会」という社会像とともに、その上位概念ともいえる「持続可能性」、「持続可能な発展」といった政策原則も自治体環境政策に対してパラダイム・シフトをもたらしつつある。ブルントラント委員会報告書で記された「将来の世代が彼ら自身の必要性を満たす能力を損なうことなく現在の世代の必要性を満たす発展」という持続可能な発展の定義[19]は、きわめてシンプルであいまいさを含んでいるためにさまざまな解釈の余地を残し、その後多くの議論を誘発することになった。ただし定義の基本的なポイントは「世代間公平」(Inter-generational equity)と「世代内公平」(Intra-generational equity)という二つの倫理を含んでいることである[20]。「世代間公平」は、将来の世代のために限りある地球の資源や生態系を現在の世代だけで浪費してしまうような社会経済活動を変革していくということである。もう一つの「世代内公平」はそうした世代間公平を実現していくプロセスにおいて、先進国と途上国の間、地域間、あるいは市民間での貧富の格差、生活環境や人権上の格差などを是正していくということである。

このように持続可能な発展は、環境問題への対応が中核的なテーマであるとしても、経済問題さらに福祉・保健・医療や雇用、人権などのさまざまな社会問題にもアプローチしていく概念である。実際、持続可能な発展あるいは持続可能性は大きく分けて環境、経済、社会の三つの側面の連関で理解されている。また、「部分的な持続可能性」(partial sustainability)の構成要素を、文化的側面や都市的地域と非都市的地域のバランスをはじめとする空間的側面、あるいは多面的な政策を推進していく基盤として、民主政治や多様なステークホルダーとのパートナーシップ、戦争予防や平和構築をはじめとする政治的側面などにさらに細分化させ、そのうえで「全体的な持続可能性」(whole sustainability)を

提示している論者もいる。

　いずれにしても持続可能な発展や持続可能性というパラダイムは、90年代に入り、EUのリーダシップの下、ヨーロッパ各地で「持続可能な都市」、「持続可能な地域社会」への政策実践を加速させることになった。その直接的な背景は、92年の地球サミットで合意されたアジェンダ21の問題提起である。アジェンダ21の第28項で、持続可能な発展にかかわる諸問題を解決するためには自治体の参加と関与が決定的に重要な要素であるという認識に基づいて、市民をはじめとするステークホルダーの参加によりローカル・アジェンダ21（LA21：Local Agenda21）を策定し、さらに実行と検証を求めたことが、ヨーロッパの政策実践に大きな影響を与えたのである。そして日本でも、「持続可能な都市」、「持続可能な地域社会」といった表現を、政策シンボルとして採用する自治体が現れており、LA21を策定する自治体も登場している。

　具体的な政策実践としては、都市を膨張させずに一定の空間的なまとまりに押さえつつ環境負荷を低減させる「コンパクトシティ」、あるいは市民間の社会的つながりをとくに重視する「サスティナブル・コミュニティ」などの欧米の動向が日本にも紹介され、中心市街地の空洞化問題への新たなアプローチとしても関心が高まっている。

　持続可能性に関する自治体政策は広範囲に及び、同時に環境の視点が多様な政策領域に読み込まれ自治体環境政策の政策空間は拡大していく。たとえば、多様な市民のモビリティやアクセシビリティといった交通面の生活環境を保障しつつ、環境負荷の高い車社会を構造転換させるための公共交通指向型の政策、海・川・山など固有の自然環境や歴史によって育まれた地域文化を活かしたまちづくりや、風力発電をはじめとする自然エネルギーを活用して分散型エネルギーシステムを構築する政策も自治体環境政策に含まれる。

　地域経済との関連では、環境保全型でさらに「産消連携」、「地産地消」を促進する地域農業政策、輸入材に圧倒されて衰退した林業と劣化した森林を環境保全の視点から再生させていく地域森林政策、臨海部の工業地帯をゼロエミッション型の産業集積地に再編していく地域産業政策、

豊かな自然環境を地域資源として活用していくエコツーリズム型の地域観光政策も考えられる。地域コミュニティや教育との関連では、地域の「里山」と呼ばれるような樹林地を「コモンズ」（共有資源）ととらえ、その再生に向けて市民やNPOと連携しながら活用と保全をはかりつつ環境教育の場としていくような複合的な政策もすでに全国に広がっている。なお持続可能性の空間的側面である都市的地域と非都市的地域のバランスという観点からみれば、過疎化が進行する中山間地域などの内発的発展も環境、経済、社会の三つの側面にかかわる現代日本の重要な地域政策課題であろう。

(3) 政策統合と総合行政

　以上のように例示した政策のタイプは国内でも多くの政策実践がみられる。したがって、すでに自治体環境政策は公害対策や廃棄物政策、自然保護政策といった「狭義の環境政策」から進んで、交通政策、都市計画、上下水道政策、産業政策、コミュニティ政策、教育政策、文化政策、観光政策などの諸領域に浸透する「広義の環境政策」へと展開し、しかも多様な政策領域を環境政策の視点で連関させていく時代にすでに入ったといえる。EUでは1980年代前半から「環境保全の政策統合」（EPI：Environmental Policy Integration）が提唱されているが[28]、日本でも各地のローカル・イニシアティブで政策統合を模索し始めているのである。

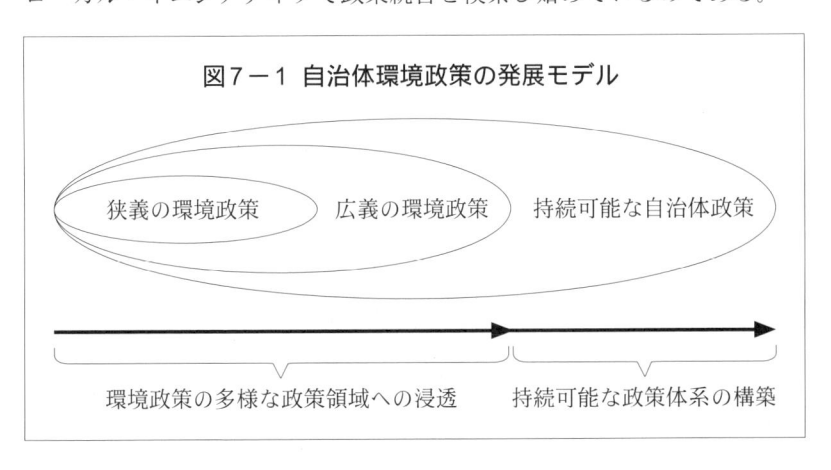

図7-1　自治体環境政策の発展モデル

狭義の環境政策　→　広義の環境政策　→　持続可能な自治体政策

環境政策の多様な政策領域への浸透　｜　持続可能な政策体系の構築

さらに付け加えると、持続可能な発展の定義から読みとれるように、「持続可能な都市」、「持続可能な地域社会」という政策シンボルを具体化していくとするならば、福祉政策、保健政策、医療政策、雇用政策、住宅政策、人権政策などの領域も統合した、したがって自治体政策のほぼ全ての範囲をカバーする「持続可能な自治体政策」という戦略の次元が考えられるのである。[29]

　ところで、広義の環境政策あるいは持続可能な自治体政策を展開するためには、自治体政策にとって永遠の命題であるともいえる縦割り行政を脱した総合行政が求められるのである。総合行政の必要性は国も同様であるが、政府構造に着目すると、日本では国が各大臣の下に中央省庁が分立する「分担管理システム」であるのに対して、自治体は首長の下に各部局が存在する「統合管理システム」であって実現性は相対的に高い。[30]また90年代の地方分権改革の理念は、そのような政府構造の特性を十分活かしながら、より基礎的な単位を中心として広域単位が段階的に補完していく「補完性の原則」をふまえていたといえる。したがって持続可能性の追求は、補完性の原則に基づいて自治体が総合的な政策を展開していくという基本的な前提を導くことが可能である。これを簡単に表現すれば持続可能性（Sustainability）、補完性（Subsidiarity）、総合（Synthesis）の3S、あるいは総合を統合（Integration）に置き換えればSSIということになろう。

　もっとも、持続可能性という概念はあいまいなため、環境政策をそれほど重視しない場合でもこの概念に結びつけることは可能であり、流行を追ったキャッチコピーにとどまってしまうことも考えられる。したがって「真に創造的な思考と実践への触媒」[31]として持続可能性を具体化する自治体の意思と能力が問われているのである。

3　自治体環境政策の手段とマネジメント

(1)　政策手段とその複合

　上述のように今日の環境政策が多次元化し、また持続可能な自治体政

策という戦略次元も考えられるとするならば、どのような手段によって実現していくのかということが重要になる。環境政策に限らずおよそ政策とは目的と手段のセットで構成されているからである。そして特に環境政策では、適切な政策手段を組み合わせていくという「政策手段の複合」(policy mix)が提唱されている。それではどのような政策手段が考えられるのだろうか。この点については主に環境法学において検討が行われているものの定まった分類はなく、公害規制や土地利用規制などオーソドックスな政策手段である「規制的手法」と、それ以外の他の政策手段の類型が様々な視点で提示されている。ここでは参考として、規制的手法以外の三つの政策手段を、自治体環境政策における活用を念頭において紹介しておく。

① 経済的手法

第一に国際的にもそして国の環境基本計画でも重要性が指摘されているのが、「経済的手法」と呼ばれる政策手段である。これは、一般的には経済的インセンティブの提供によって、対象者が経済合理性に沿った行動をとることを誘導する政策手段であるが、政策資源としての財源確保を目的とする場合もあり、その種類や目的は多様である。

自治体が駆使し始めた代表的な経済的手法は地方税である。特に2000年4月の地方分権改革によって認められた「法定外目的税」制度を活用した地方環境税が創設され始めている。三重県が最初に導入した産廃税は、事業者の発生抑制を促すとともに、税収を廃棄物に関連した環境政策に使うものであり、秋田、青森、岩手の東北3県や岡山県、広島県、鳥取県なども広域的な政策を視野に入れて採用した。

それに対して、高知県の森林環境税や神奈川県の水源環境税は、法定外目的税ではなく、県民税の超過課税という方式をとり、森林環境保全や水源保全の財源確保を目的とするものであって、経済的インセンティブの提供が目的ではない。

また租税ではなく手数料である家庭系一般廃棄物の有料化は、排出量のリバウンドも指摘されているが、家庭からの一般廃棄物の排出抑制効果、一般廃棄物処理事業の応益負担、さらに市民が消費と廃棄の関係を

理解し循環型社会への認識を高める環境教育効果といった複合目的をもつ手段であるといえる。(33)

② 情報的手法

第二に、経済的手法と同時に近年注目が集まっているのが「情報的手法」であり、社会に対して環境に関する情報を提供することによって、対象者の環境配慮行動を誘導する政策手段である。これにもさまざまな種類があるが、まずはじめにリスク・コミュニケーション型の情報手法がある。社会に対して環境リスク情報を公開し透明化させるもので、さらに応答型のコミュニケーションを行うこともある。

日本では1999年に制定された「特定化学物質の環境への排出量の把握等及び管理の改善の促進に関する法律」（PRTR法）がその典型例で、環境情報の公開を前提として事業者による化学物質の自主管理を誘導するとともに、市民に対して事業者の有する環境リスク情報の透明化を図る制度である。同法では、知事が事業者からの情報を国に届けることと、国による集計データの開示に加えて地域のニーズに応じた集計と公表を行うことが自治体の主な役割である。

この制度以外でも自治体は、既存の情報公開制度の下で公開を拒むことのできる不開示事由をできる限り限定することや、積極的な情報提供によってリスク・コミュニケーションを展開する余地があるといえる。(34)

次に、環境配慮行動を求めるべき対象者の肯定的な情報（「ポジティブ情報」）ないしは否定的な情報（「ネガティブ情報」）を社会に流通させ、前者では表彰的機能を、後者では制裁的機能を発揮させる手法がある。(35)

ポジティブ情報の提供では事業者の表彰という手法が最もシンプルなものである。より高度な手法としては、有機農産物に関する国の認証制度や環境に配慮した木材の国際的な認証制度がつくられている。他方で、地域独自の認証制度によって商品の環境価値を市場に認知させるという手法もある。(36) また後述のように環境マネジメントシステムの認証制度を地域レベルで構築し、事業者の取得を促すことを通じて、市場で評価される環境配慮型の事業活動の拡大と地域経済の変革をはかっていくことも情報的手法の性格を有する。

なお、このようなポジティブ情報の提供手法とは若干異なっているが、神奈川県のLA21（新アジェンダ21）では、事業者、NPO、学校、自治体などの組織や個人の環境配慮行動をインターネット上で登録し情報流通を図る「マイアジェンダ制度」を構築しており、これも情報的手法の一つといえるであろう。

　ポジティブ情報に対して、ネガティブ情報の提供により社会に警戒を促したり社会的制裁をはかる手法としては、条例に基づく勧告に従わなかったり改善命令に従わなかった場合の事実公表などがある。

③　契約的手法

　第三として、自治体が対象者と契約を介して環境配慮行動を促す政策手段がある。たとえば第1世代の環境政策で広がった公害防止協定は、緑化・緑地保全や廃棄物など他の環境政策にも広がった。協定という政策手段の特性は、対象者の自発性を喚起しながら、必ずしも法的規制がなくても率先行動を促したり、あるいは法規制があったとしてもその基準を上回るような行動を促すことができるという柔軟性にある。しかし産業廃棄物の不法投棄問題では協定が簡単に破られるという問題も発生しているように[37]、規制的手法の代替手段としては限界がある。

　このほか、契約的手法としては、2000年のグリーン購入法に基づいて環境に配慮した物品を自治体が購入することや、さらに高度な手法として地方自治法施行令に基づく総合評価制度を活用した「政策入札」の有効性も指摘されている[38]。通常の公共事業などの入札では最も低い価格を入れた事業者と契約するが、価格以外の要素も含めて契約相手を決定できるという総合評価制度を応用すれば、事業者の環境配慮行動に関する何らかの客観的証明を評価規準にすることを通じて、事業者の社会的責任（CSR：Corporate Social Responsibility）を誘導していくことが可能になる。

　以上、規制的手法以外で近年着目されている政策手法について若干紹介した。今日の自治体環境政策では多様な政策手段の活用が求められている。言い換えると、自治体には経済社会の動向を見すえながら、適切かつ実行可能な政策手段を設計し実施していく高度な政策運営能力が必

要なのである。

(2) マネジメント・ツールと計画行政

これまで環境政策における政策統合や政策手段の複合について述べてきたが、こうしたことを実行していくためには政策のマネジメントの問題も重要である。そこで最後に、マネジメントに関する論点を二つ指摘しておく。第一に、広義の環境政策や持続可能な自治体政策の次元でみると、自治体政策のかなりの部分が関連してくる。したがって、政策統合をはかっていくためには、自治体組織全体に環境価値を浸透させていく必要がある。

第二に、政策統合をはかりながら、かつ効果的な政策手段の体系を構築していくためには、的確な検証を伴った計画的な取組みが必要である。したがって、90年代に欧米のNPM（New Public Management）の影響

コラム　　　里山保全への市民参加

里山保全への市民参加が近年注目を集めている。里山とは、森林生態学者の四手井綱英が1960年代に提唱した農用林の名称である。里山は農耕文明によって生まれたものであって日本固有のものではないが、近代化以前の日本の地域社会にはどこにでもみられた風景であった。農業が工業化する前は、十数年間隔で木を伐採して薪や炭を生産し、また堆肥をつくるために落枝や落葉、低木や下草を集めた。伐採しても株を残せば、そこから萌芽更新によって木は再生されるので持続可能である。また適度な伐採により地表には太陽光線が届くため、草も生え、昆虫や小動物にとっても望ましい棲息空間となる。つまり里山は、農業という生業のために人が手を入れることによって形成された豊かな二次的自然であった。しかし、エネルギー革命と化学肥料の登場によって伝統的農業が不可欠としてきた里山の効用は失われ、結果的に二次的自然は劣化していくことになる。近代化によってローカル・コモンズ（地域の共有資源）としての性格が失われたのである。

他方で、都市化の波が及んでくるとかつての里山は開発のターゲットに

を受けて本格化した政策評価システムの導入にみられるように、PDCA（plan-do-check-action）サイクルを確立した進行管理が環境政策でも重要になる。

環境配慮型の組織行動を、定められた手順に基づきPDCAサイクルによって進行管理していくマネジメント・ツールが環境マネジメントシステム（EMS）である。EMSは、自治体組織とさらに職員全体に環境価値を浸透させていくマネジメント・ツールと位置づけられるだけではなく、すでに述べたように事業者の自発的な環境配慮を促す自治体環境政策の推進ツールとしても活用されている。EUではEMASという規格のシステムを開発して採用しているが、日本ではもう一つの代表的な国際規格であるISO14001を認証取得している企業と自治体が近年急増している。ただし、EMSには、環境省主導で開発しISO14001よりも簡易でその分導入が容易な「エコアクション21」、あるいは地域独自のEMS

なる。結果的に地域の貴重な緑は浸食され、緑被率の低下という問題とともに、動植物の棲息空間、風の道、景観、地下水の涵養といった複合的な環境価値が失われていくことになる。

こうした問題は、高度経済成長期以降の非持続可能な歴史の所産であり、しかも公害問題とは異なって時間をかけながらゆっくりと進行してきた。

しかし、環境問題の重要性が認識されるようになってきて、里山の喪失という環境破壊に対する取組みが各地で始まった。十分ではないにせよ、法的には都市緑地法や条例による規制という方法もあるが、かりに開発を止めることができたとしても、地域の共有資源であることで形成された二次的自然の再生までは期待できない。そこで、市民のボランタリーな管理と利用により再びコモンズとしての保全をはかろうという動きが広がっている。都市部では、中高年層の参加が多いものの学校教育のフィールドとしても着目され、世代間交流の場という可能性もみえてきており、今後の課題は担い手となる若い世代への継承であろう。以上のように、市民自治と自治体政策の両面から、里山を地域環境共生の拠点として再創造していく必要があるといえよう（参照、竹内和彦・鷲谷いづみ・恒川篤史『里山の環境学』2001年、東京大学出版会）。

〔小島　聡〕

として、「京都・環境マネジメントシステム・スタンダード」や長野県飯田市の「いいむす21」、環境自治体会議が自治体に特化した規格として開発したLAS-Eなどもあり、それぞれの規格には目的と内容に特徴がある。[39]

　EMSとも関連するが、政策統合を導くためには自治体の計画行政のあり方が重要である。環境政策のマスタープランである環境基本計画を策定する自治体が増加しており、政策統合を図っていくとするならば、広義の環境政策の進行管理を環境基本計画で綿密に行っていくという方法も考えられる。しかし、自治体政策にはさまざまな行政計画が介在しており、環境部局が所管する計画で広義の環境政策の進行管理を完結させるのは現実的ではない。したがって環境基本計画の主導性を確保しながら計画間調整を図っていく方法が問われている。

　また持続可能な自治体政策の次元では、総花的になりがちであった総合計画の戦略的役割にあらためて光をあてる必要がある。[40] 各地で制定され始めた自治基本条例でも、総合計画が自治体の政策体系を主導する旨を条文化している傾向がみられ、これには、地方自治法第2条第4項や個別法で規定された市町村の「基本構想」に基づく行政運営の原則を拡大的に確認する意味がある。そこでこうした潮流をふまえるならば、持続可能性というパラダイムを地域特性に応じて戦略的に具体化した最上位計画として総合計画をとらえ直すことが可能であろう。

　なお、すでに紹介したLA21は環境政策を中心としながらも政策領域としては幅広く、また市民、NPO・NGO、企業なども含めたアクション・プランという性格をもつため、行政計画の枠を越えた社会計画の側面も有する。したがって、自治体計画の部分と社会計画の部分をどのような形で連結させるのかが課題になる。

　以上のように、計画間関係が錯綜する中で有効な計画体系を構築し適切な進行管理をはかっていくことが自治体環境政策のマネジメントとして重要である。さらに、全ての公共政策は予算に基づいて運営されており、毎年度の予算編成プロセスもここでいう自治体環境政策のマネジメントのポイントになることを指摘しておきたい。[41]

〈注〉
(1) ガバン・マコーマック『空虚な楽園——戦後日本の再検討』(1998年、みすず書房)。
(2) 月尾嘉男『縮小文明の展望——千年の彼方を目指して』(2003年、東京大学出版会)。
(3) 宇都宮深志『環境理念と管理の研究——地球時代の環境パラダイムを求めて』(1997年、東海大学出版会)。
(4) 本文で紹介した宇都宮による環境政策の発展段階の3区分以外にも、淡路剛久は、戦後日本の環境政策について、「第一の環境政策」(環境負荷の低減〜1960年代からの公害規制や1990年代からの地球環境問題)、「第二の環境政策」(循環型社会の形成〜1980年代後半、本格的には1990年代以降)、「第三の環境政策」(環境の回復と再生〜20世紀末から21世紀の新たな環境政策の課題) という区分を提示している (淡路剛久「環境再生とサスティナブルな社会」寺西純一・西村幸夫編『地域再生の環境学』2006年、東京大学出版会)。
(5) 北村喜宣『自治体環境行政法 (第4版)』(2006年、第一法規)、川名英之『ドキュメント日本の公害 (第1巻)』(1987年、緑風出版)。
(6) 北村・前掲注(5)、助川信彦『環境問題と自治体——横浜市における実験』(1991年、刀水書房)。
(7) 寄本勝美『ゴミとリサイクル』(1990年、岩波書店)、清水修二『NIMBYシンドローム考——迷惑施設の政治経済学』(1999年、東京新聞出版局)。
(8) 藪野祐三『ローカル・イニシアティブ』(1995年、中央公論社)。
(9) 松下圭一『都市政策を考える』(1971年、岩波書店)。
(10) 松下圭一『自治体は変わるか』(1999年、岩波書店)。
(11) 田村明「行政の文化化」松下圭一・森啓編『文化行政——行政の自己革新』(1981年、学陽書房)。
(12) 田村明『まちづくりと景観』(2005年、岩波書店)。
(13) 米本昌平『地球環境問題とは何か』(1994年、岩波書店)。
(14) 田中充「脱温暖化社会への地域戦略——地域からの温暖化対策」植田和弘編『持続可能な地域社会のデザイン——生存とアメニティの公共空間』(2004年、有斐閣)。
(15) 田中充・中口毅博・川崎健次編『環境自治体づくりの戦略——環境マネジメントの理論と実践』(2002年、ぎょうせい)。
(16) 吉田文和『循環型社会　持続可能な未来への経済学』(2004年、中央公論社)。
(17) 「拡大生産者責任」は、製品の生産・使用段階だけではなく、廃棄物になった段階にまで生産者の経済的または物理的な責任を拡大するという環境政策上の手法原則である。なお、2006年の容器包装リサイクル法改正に至る過程で

は、国の中央環境審議会や産業構造審議会で拡大生産者責任の強化が争点になった。しかし、市町村の業務の非効率性について事業者側からの反論もあり、結果的に、国が定める排出抑制等の判断基準となる事項に基づく事業者の自主的取組みと報告や主務大臣による勧告・命令といった制度、適切な分別収集により再商品化で節約した費用を市町村に支払う制度などが新設されるにとどまった。

(18) 寄本勝美『リサイクル社会への道』(2003年、岩波書店)。
(19) World Commission on Environment and Development(1987)*Our Common Future*,Oxford:Oxford University Press.
(20) Barker,S.,Kousis,M.,Richardson,D and Young,S.(1997)'Introduction:The Theory and Practice of Sustainable Development',in S.Barker,M.Kousis,D. Richardson and S.Young(eds.),*The Politics of Sustainable Development: Theory,Policy and Practice within the European Union*,London and New York,Routledge.
(21) Sachs,I.(1999) 'Social Sustainability and Whole Development:Exploring the Dimensions of Sustainable Development',in B.Egon and J.Thomas(eds.), *Sustainability and the Social Sciences:A Cross-Disciplinary Approach to Integrating Environmental Considerations into Theoritical Reorientation*,London and New York,Zed Books Ltd.
(22) 岡部明子『サスティナブルシティ——EUの地域・環境戦略』(2003年、学芸出版社)、白石克孝「サスティナブル・シティ」植田和弘・神野直彦・西村幸夫・間宮陽介編『グローバル化時代の都市』(2005年、岩波書店)。
(23) Lafferty,W.M.(2001) 'Introduction' in W.M.Lafferty(ed.)*Sustainable Communities in Europe*,London,Earthscan Publications Ltd.
(24) 中口毅博「持続可能な発展とローカルアジェンダ21の現状と課題」川崎健次・中口毅博・植田和弘編著『環境マネジメントとまちづくり』(2004年、学芸出版社)。
(25) 海道清信『コンパクトシティ——持続可能な社会の都市像を求めて』(2001年、学芸出版社)。
(26) 川村健一・小門裕幸『サスティナブルコミュニティ——持続可能な都市のあり方を求めて』(1995年、学芸出版社)。
(27) まちづくり三法といわれる大規模小売店舗立地法、中心市街地活性化法、都市計画法のうち、後者二つの2006年改正は、大規模店舗などの郊外への立地による市街地の衰退に歯止めをかけることが目的である。青森市のように行政コストの削減と住民の生活の質を維持するために、コンパクトシティに向けた空間再編政策にすでに踏み出した自治体もあり、人口減少社会をふまえ

(28) 寺西俊一・細田衛士「これからの環境保全にもとめられるもの」同編著『環境保全への政策統合』(2003年、岩波書店)。
(29) 本文では「持続可能な自治体政策」と述べたが、環境自治体会議は、環境、経済、社会の持続可能性の三つの側面のうち複数の目的の両立、調和を目指す政策を「持続可能な発展政策」と定義して、全国の自治体の実施状況を調査している。なお同会議が提示している持続可能な発展政策の代表例と分類は、広義の環境政策とさらに包括的な自治体政策の見取り図として有益である(環境自治体会議『環境自治体白書　2005年版』2005年、生活社)。
(30) 大森彌『現代日本の地方自治』(1995年、(財)放送大学教育振興会)。
(31) Barker, et al.（前掲注(20)）。
(32) 大塚直『環境法（第2版）』(2006年、有斐閣)、阿部泰隆・淡路剛久『環境法（第3版）』(2004年、有斐閣)。
(33) 和田尚久『地域環境税と自治体――環境にやさしい税のシステム』(2002年、イマジン出版)、吉田・前掲注(16)。
(34) 川越市では、自治体、市民、事業者で構成する環境パートナーシップ組織「かわごえ環境ネット」が、説明や協議のプロセスを組み込んだリスク・コミュニケーション活動を展開している。こうした取組みは、統計情報の収集と開示が中心でしかも対象事業者が限定される国のPRTR制度の限界を補完し、地域レベルであるからこそ可能な信頼醸成のメカニズムといえよう。
(35) 北村・前掲注(5)。
(36) 地域独自の認証制度として、環境に関連性がある取組みとしては、宮崎県綾町の有機農産物認証制度などがよく知られているが、京都府は、木材の輸送過程で発生する温室効果ガスに着目して、第三者機関が認証する「京都府産木材認証制度」（ウッドマイレージCO^2認証制度）を構築した。これは輸入材に押され国産材の価格が低迷することで結果的に森林の荒廃を招き、また地域の経済や社会の衰退にもつながっているという持続可能性の三つの側面に着目した制度ともいえる。また一次産品や食品の輸送過程で発生する環境負荷を問題とする「フード・マイレージ」と同様の視点に立つものであり、地産地消に向けた地域経済政策の取組みが環境政策の側面を有するという発想は、多くの自治体にとって参考になるであろう。
(37) 高杉晋吾『崩壊する産廃政策――ルポ青森・岩手産廃不法投棄事件』(2003年、日本評論社)。
(38) 武藤博己『入札改革　談合社会を変える』(2003年、岩波書店)。
(39) 山本芳華「環境マネジメントシステムの現状と課題」川崎健次・中口毅博・

植田和弘編著『環境マネジメントとまちづくり』(2004年、学芸出版社)。
(40) 中口・前掲注(24)。
(41) この点では、岐阜県多治見市において、総合計画のうち毎年見直される実行計画に関する各課へのヒアリングに、財政課、企画課とともに環境課が加わっているという方法が参考になるだろう(西寺雅也『多治見市の総合計画に基づく政策実行——首長の政策の進め方』2004年、公人の友社)。

第8章

自治体政府の組織と行政システム改革

本章の前半では、自治体政府の組織について、その基本原則と特徴および組織構成について概観する。また、自治体政府において業務執行の中心的役割を果たしている自治体職員については、地方公務員制度の基本理念と具体的な働き方のしくみについてもとりあげる。

　後半では、こうした構成のもと運営されている地方自治体において、近年盛んに取り組まれている行政システム改革について、その背景および要因についてみたうえで、組織改革の事例をとりあげ、今後の改革の方向性と自治体政府の組織のあり方について考察する。

1　地方自治体の組織の基本原則と特徴

　日本国憲法では、第8章にとくに地方自治の章を設けているが、地方自治体における政府組織については、「地方公共団体の組織及び運営に関する事項は、地方自治の本旨に基いて、法律でこれを定める」(憲法第92条)とされている。また、地方自治法においては、「地方自治の本旨に基いて、……地方公共団体の組織及び運営に関する事項の大綱を定め、……民主的にして能率的な行政の確保を図る……」(地方自治法第1条)、「地方公共団体は、常にその組織及び運営の合理化に努めるとともに、……その規模の適正化を図らなければならない」(同法第2条第15項)とされている。このように、「民主・自治」および「能率化・合理化」は地方自治体の組織における基本原則であり、その組織は、とりもなおさず地方自治の本旨を実現する場となっていなくてはならない。

　わが国の地方自治体には、議事機関である議会と、そこで決定された意思に基づいて事務を管理・執行する執行機関とが置かれているが(憲法第93条)、地方自治体の組織機関の特徴として、(1)長の公選制、(2)執行機関の多元主義、(3)組織の画一性の三点があげられる。

(1)　長の公選制

　自治体の長として、都道府県には知事が、市町村には市町村長が置かれ(地方自治法第139条)、これらの長は住民が直接選挙によって選ぶも

のとされている（憲法第93条第2項）。これは、議会選挙制によるよりも首長制によるほうが民主主義の原理を徹底させることになり、ひいては地方行政の民主的な運営を確保することにつながるからであるとされる。[1]

　自治体の長と議会の議員はともに住民の直接選挙で選ばれるため、住民の意思はこれらの代表者を通じて行政に反映される（間接民主制）。間接民主制がとられている理由としては、①自治体の規模が大きくなると直接民主制によることは難しくなること、②自治体の行政が複雑多様化すると、自治体の運営には専門化した能力が必要となり住民が直接行政に参画することが困難となること、③直接民主制は衆愚政治に陥りやすいことなどがあげられる。[2] また、長と議会は独立対等な立場にあり、それぞれが自主的に機能を果たすことによって、バランスのとれた地方行政の運営が要請されている。

(2) 執行機関の多元主義

　地方自治体の執行機関とは、独自の執行権限を有し、その担任する事務について地方自治体の意思を自ら決定して、それを外部に表示することができる機関をいう。また、このほかにも、地方自治体の意思決定機関である議会の決定した事項についても執行を行う。

　地方自治体の執行機関は、公選の長と、教育委員会、人事委員会などの行政委員会型の委員会および委員から構成される。それぞれの執行機関は独立した権限を持ち、自らの判断と責任において、それぞれの事務を誠実に管理、執行する義務を負うものとされている（地方自治法第138条の2）。こうした執行機関の多元主義は、執行権限を分散させ、一つの機関への権限集中を避けることで、公正妥当かつ民主的な行政執行の確保をねらいとしたものである。

　そのうえで、執行機関の組織は、長の所轄の下に系統的に構成され、相互に連絡をはかり、全て一体として行政機能を発揮するようにしなければならない（地方自治法第138条の3第1項・第2項）。さらに地方自治体の長には、行政の一体性や総合性の確保をはかるために、これら執行機関全体の総合調整権が認められている（地方自治法第138条の3第3項）。

しかし実質的には、こうした多元主義は自治体における総合行政の妨げになるおそれがあることや、責任の所在が不明確になるという問題点も指摘されている。

(3) 組織の画一性

憲法第93条は、自治体に住民の直接公選に基づく民主的議会および執行機関を置くことを規定するものであるが、このことは同時に、全国の地域のあらゆる規模の自治体の組織機関において、議会制度や執行機関制度についての画一性を要請するものでもある。地方自治法では、この規定に基づき、地方自治体の自治組織権の下に、支庁および地方事務所、支所または出張所、行政機関の設置、補助機関としての局・部、分課、分掌事務、職員の定数など一定の範囲について条例で決定することを認めているものの、基本的な枠組みは法定されているため、各自治体がまったく独自の制度とすることはできない。

この規定については、都道府県と市町村など規模の面でも格差の大きい自治体に対し、一律の組織形態を要求している点や、自治体の自主性を阻害している点などについての批判もある。

2 自治体の長、補助機関、補助組織

(1) 長の地位

自治体の長は、住民による直接選挙によって選任される独任制の機関であり、特別職に属する地方公務員である。長の任期は4年であり、都道府県知事の場合は年齢満30歳以上の者、市町村長の場合は年齢満25歳以上の者について被選挙権がある。議会の議員と異なって、当該自治体の住民である必要はない。

選出された長は、衆議院議員または参議院議員、地方自治体の議会の議員ならびに常勤の職員等を兼ねることができない（地方自治法141条：兼職の禁止)。また、地方自治体に対し請負いをする者または法人の取締役、監査役などになることができない（地方自治法第142条：兼業の禁止)。

この兼業禁止規定に該当した場合または被選挙権を失った場合や、自らの意思で辞任した場合、議会で不信任議決を受けた場合、住民の直接請求により解散請求（リコール）が成立した場合には、長は任期途中であってもその地位を失う。

(2) 長の権限

① 統轄代表権

長は、当該自治体の事務の全般について、他の執行機関、議会および住民の全てを含めて総合的統一を確保するとともに、外部に対しては、長のなした行為が法律上直ちにその自治体の行為となる権限を有する（地方自治法第147条）。具体的には、長は自治体を代表して、国の立法・行政過程に同意・協議・意見聴取・申出・不服申出などの形で関与する。

② 事務の管理および執行権

長は、当該自治体の事務について、包括的に管理執行権限を有する（地方自治法第148条）。長の個別の担任事務としては、議会への議案提出、予算調整および執行、地方税等の徴収などがあげられる。

③ 規則制定権

長は、法令に違反しない限りにおいて、その権限に属する事務に関して規則を制定することができる。また、その規則に違反した者に対し過料を科する規定を設けることができる（地方自治法第15条）。

④ その他

上記のほか、副知事または副市町村長等の任免権（地方自治法第162条、第168条等）、職員の指揮監督権（同法第154条）、事務組織権（同法第155条、第156条）、公共的団体等の監督権（同法第157条第1項）など、長は多くの権限を有している。

(3) 長の補助機関

長の補助機関とは、自治体の長がその権限に属する事務を管理執行する際に、これを補助することを任務とする機関であり、副知事・副市町村長、会計管理者、職員、出納員その他の会計職員、専門委員がこれに

あたる。補助機関は長の内部的な機関であるため、権限の委任または代理の場合以外は、当該自治体の意思を決定し、外部に表示する権限を有するものではない。

　原則として、都道府県には副知事が、市町村には副市町村長が置かれる（地方自治法第161条）。この定数は条例で定めるが、条例によって置かないとすることもできる。副知事および副市町村長は、自治体の長を補佐し、長の命を受け政策および企画をつかさどり、その補助機関である職員の担任する事務を監督し、必要があれば長の職務を代理する。

　副知事および副市町村長は、長が議会の同意を得て選任する。これは、この職が長の補助機関としては最高位の機関であり、職務の性格上、長と議会の信任関係が不可欠である一方、長の代理として職務を行う副知事・副市町村長が長のみによって選任されることは不適当であるとの理由からである[6]。しかし、実際には地方議会において与党が少数の場合に同意が得られず、結果的にこれらの職が空席となって自治体の行政執行に支障をきたす場合があることから、この規定については疑問も呈されている[7]。

　副知事および副市町村長も長と同じく特別職公務員であり、その任期は4年である。ただし、必要があれば任期中においても、長は議会に諮ることなく解職することができる。

(4) 長の補助組織

　自治体の長の権限に属する事務を処理するためには、それを分掌させるための組織が必要となる。こうした組織には、事務の種類に従って長の権限を分掌する内部組織（いわゆる本庁の組織）と、地域的に長の権限に属する事務を分掌する出先機関とがある。

　まず内部組織については、自治体の長は、その権限に属する事務を分掌させるために必要な内部組織を設けることができ、その場合、長の直近下位の内部組織の設置およびその分掌する事務については条例で定めるものとされている（地方自治法第158条第1項）。なお、長の直近下位の内部組織とは、普通地方自治体の長の権限に属する事務を分掌するため

に設けられる最上位の組織を意味する。この条例を制定または改廃したときは、都道府県は総務大臣に、市町村は都道府県知事にそれぞれ遅滞なく届け出なければならない（同法第158条第3項）。また、長は内部組織の編成にあたって、当該自治体の事務および事業の運営が簡素かつ効率的なものとなるよう十分配慮しなければならない（同法第158条第2項）。

　次に、出先機関とは、自治体がその所掌事務を地域的に分掌させるために置く機関をいい、長の権限に属する事務全般にわたって分掌する総合出先機関と、特定の事務のみを分掌する特別出先機関とがある。都道府県では支庁および地方事務所が、市町村では支所および出張所がそれぞれ総合出先機関として設置できるが、これらの位置、名称および所管区域については条例で定めなければならない（同法第155条）。

　特別出先機関としては、保健所、警察署、税理事務所、福祉事務所などがあり、これらは法律または条例の定めるところによって設置されている（同法第156条第1項）。特別出先機関の位置、名称および所管区域については条例で定めなければならないとされ（同条第2項）、またその位置および所管区域は、住民の利用に最も便利であるように、交通事情や他の官公署との関係などについて考慮を払わなければならない。

3　自治体の職員

　自治体の職員は、地方自治法においては長の補助機関として位置づけられている。職員の任免権は自治体の長に属し、任免にあたって議会の同意等は必要ないが、主として一般行政事務に従事する職員の任用、給与、勤務時間等については地方公務員法に定められている。

　職員の定数は、自治体の行政規模を決定づける重要な要素であるため、臨時または非常勤の職員を除き、条例で定めることとされている（地方自治法第172条第3項）。現在の全自治体（市区町村・都道府県等）の職員総数は300万1475人であり、政策立案から執行に至るまで、自治体行政において中心的な役割を担っている。

第8章　自治体政府の組織と行政システム改革 ｜ 161

(1) 地方公務員制度の基本理念

わが国の地方公務員制度は、地方公務員法を中心とする諸法令において規定されている。そこでは、憲法の保障する国民主権主義の原理および地方自治の本旨を、地方自治体の場において実現するにふさわしい地方公務員制度を確立することが目的とされており、そのためには、地方公務員制度は民主的かつ能率的な制度であることが求められる。

民主的制度であるためには、まず、公務の平等公開がなされている必要がある。民主的な政治においては、国や地方自治体の公務に従事する機会は広く一般の国民に対して平等に公開される必要がある。一部の学閥や特権階級、世襲制に独占されることなく、競争試験によって、すべての国民に対して平等の条件で公開されていなければならない。

また、これを前提として、公務員の採用、昇任、昇給等は客観的な基準による成績主義(メリット・システム)の下で行われる必要がある。近代的公務員制度が確立する以前には、公務員の地位が政治的功績や個人的理由によって不平等に与えられる情実任用(猟官制、スポイルズ・システム)が横行していたが、このシステムの下では著しく公正さに欠けるばかりか、行政の中立性・安定性の確保が難しいことはいうまでもない。

行政の執行者である公務員が、一党一派に偏った政治活動に関与すれば、その身分は政治的変革のたびに不安定なものとなるおそれがある。また、「すべて公務員は、全体の奉仕者であつて、一部の奉仕者ではない」(憲法第15条第2項)とする憲法の理念にも反することになる。行政の継続性や安定性を確保するためには、公務員の政治的中立性が確保される必要があるといえよう。

一方、公務員制度が能率的制度であるためには、科学的かつ合理的な基準やしくみが整備されている必要があり、地方公務員法においては、職階制、研修、勤務成績の評定などが定められている。

(2) 自治体職員の働き方——職階制の不実施と大部屋主義

上述の、公務員制度が能率的制度であるための要素の一つである職階

制とは、「職員の職を職務の種類および複雑と責任の度に応じて分類整理し、個々の職員に割り当てられる仕事の内容を明確にする制度」であり、人事委員会を置く地方自治体（都道府県および指定都市は人事委員会の設置が義務づけられている。また、指定都市以外の市で人口15万人以上のものおよび特別区は、任意に人事委員会を置くことができ、人事委員会を置かない場合は公平委員会を置かなければならない）においては、職階制の採用が義務づけられている（地方公務員法第23条第1項）。組織全体が所管する業務を遂行するにあたって、個々の職員の職についてその内容と職責を明らかにすることで、身分中心ではなく職中心の公正な人事行政を可能にするしくみであり、自治体職員の人事管理制度の根幹をなすものとされている。

　しかし、実際は、戦後この制度が法律に盛り込まれてから現在に至るまで、わが国の自治体において職階制は実施されていない。この理由としては、国家公務員に対する職階制の導入が先送りされたまま現在に至っていること、職員団体が職制の強化と身分制度の復活につながるとして反対したこと、さらに、職階制が戦後あわただしく導入されようとしたため、終身雇用制やいわゆる年功序列制というわが国の従来型の人事管理制度と適合しなかったことなどが考えられる。

　このように、わが国では職階制が実施されていないために、それぞれの職務内容と権限および職責の範囲が法的に明確ではない。つまり個々の職員に与えられる職務の内容と範囲は決して厳密に規定されているものではなく、むしろあいまいであり、したがって権限と責任の関係も明らかではないのである。

　こうした職階制の不実施等を背景要因とした、わが国の自治体における独特の職場組織の形成原理は、一般に「大部屋主義」と呼ばれている。これは、欧米の自治体において職務の分担と権限が明細に定められ、人員と職務が不可分に結びつけられている中で、行政の執務が個室主義的に行われていることと対照的であるとされる。

　大部屋主義の主な特徴とされるのは、以下の点である。
1）　その一所で仕事をする全員が適宜仕事を分担しつつも、お互いに

協力しカバーし合うことが可能であること。
　2）　課員は仕事ぶりを縦横に評価し合う一方で、個々の職員の仕事実績を個別に評定しにくいこと。
　3）　集団に属して仕事を行うため、課や係の一員として他の職員と協調的な人間関係を形成、維持できるか否かが個々の職員にとっても管理職にとっても大切な配慮事項となること。

　これらの特徴を生み出している要因の一つとしては、地方自治体における分掌事務規定の存在があげられる。分掌とは、都道府県単位での自治体が行うべき事務が、部→課（室・所）→係→職員へと順次分解されて割り振られる事務処理の構造を指している。この分掌の特色として、部や課、係という組織単位に割り振られた事務処理の内容がきわめて概括列挙的（「〇〇に関すること」等）であり、また各自治体が定める分掌事務規程では、組織の最小単位である係までしか内容が定められていないため、自治体職員の職場においては「職務といえば、それぞれの職員が、所属する課や係に事務分掌規定上与えられている任務を分担しつつ協力して遂行している仕事の全体のことになる」(15)と理解される。

　このように、自治体の職場では業務遂行が個人単位ではなく、課や係といった単位組織による大部屋主義的な協働行動によるため、チームプレーと匿名性がその特色とされている。この前提には、個々の職員に要求される職務内容がきわめて弾力的であるという事実と、個々人の能力が直接的に問われることはないという慣行の存在がある(16)。そのため、職場での業務達成に関して、個々人の職員の寄与や貢献をどのように測定するのかということは非常に難しい問題であるといえよう。

4　地方自治体における行政システム改革の背景

　全国の多くの自治体では、今、行財政システムを根本的に見直す改革が喫緊の課題とされている。公共事業や補助金制度の見直し、予算や会計システムの改革、民間委託や経費削減、そして組織改革など、その内容は多岐に渡る。近年、このように各自治体で行われているさまざまな

改革の背景としては、次のような要因があると考えられる。

まず、1990年代初めから現在に至るまで政治課題としてとりあげられてきた、中央政府の行政改革および地方分権改革の一連の流れがある。2000年4月の地方分権一括法の施行によって、機関委任事務制度の廃止、国および地方自治体が分担すべき役割の明確化、地方自治体の行政体制の整備・充実、地方債制度の改革等が行われた。さらに、2001年には「今後の経済財政運営及び経済社会の構造改革に関する基本方針（いわゆる"骨太方針"）」が経済財政諮問会議によってとりまとめられ、閣議決定されたが、翌年の"骨太方針第二弾"においては、歳出の主要分野における構造改革の一つとして、「国庫補助金、交付税、税源移譲を含む税源配分のあり方を三位一体で検討」することがうたわれた（いわゆる"三位一体の改革"）。

こうした一連の改革とは、住民に身近な行政は住民に身近な自治体で行うことを基本とし、そのための権限と財源を自治体に移譲することを求めるものであり、明治期以来の「中央集権型政治・行政システム」を新しい「地方分権型政治・行政システム」に転換しようとするものであるとされる。従来の自治体では、事業の継続的な実施が主要な任務であるとされ、職員の能力としては法律・政省令・通達などの理解・解釈力が重視されていた。しかしこうした改革の流れの中で、自治体自身は「事業官庁」から「政策官庁」への脱皮が、自治体職員には課題解決能力や政策形成能力が求められるようになってきたのである。

これらの改革は、1990年代のわが国の財政運営と決して無関係ではない。もっぱら公共事業に依存したバブル崩壊後の景気対策によって、日本社会は多額の累積債務を抱えることになった。財政再建が急務とされていく中で、公共部門のあり方を問う「小さな政府」論の台頭により、国と地方の財政関係についての見直しが進められた。つまり、今次の地方分権改革とは、その目的はあくまでも中央行政官僚制のスリム化にあり、「官から民へ」、「国から地方へ」というスローガンを掲げつつ規制緩和と民間化を徹底することで、国の関与を縮減しようとするものであるということもできる。

地方自治体の側に立てば、これまで、地域の必要性から判断された事業よりはむしろ補助事業を優先的に実施してきた結果、経費負担が将来につけ回され、公債費として増加の一途にある。また、バブル崩壊と長引く景気低迷によって落ち込んだ税収は、当分回復が望めそうにない。さらに、自治体組織内では、職員年齢構成のゆがみからくる人件費の増加が顕著であり、団塊の世代が定年を迎える今後数年間は、義務的経費である退職金の充当をどうするかが深刻な問題となっている。こうした現状に加えて、2003年度には三位一体改革の第一弾として、地方交付税の減額が先行して行われた。このようにますます厳しい財政運営を余儀なくされる中で、高齢化問題など山積する課題を抱え、もはや旧来のシステムでは対処が不可能になってきていることが、各自治体を改革へと突き動かす背景にあると言える。

　次節では、こうした現状の中で、新たな組織構造を指向した改革に着手している自治体の例をとりあげる。

5 事例——横須賀市の組織制度改革[21]

(1) 概要とねらい

　横須賀市では、1996年に行政改革大綱が策定され、以後、3年ごとの実施計画が策定されている。その中の柱の一つである財政の建て直しのため、職員数について1997年から5年間で295人の削減という数値目標が掲げられた。

　急激な社会変化の中で行政に対する市民ニーズが複雑多様化するとともに、地方分権の流れを受けて自治体の提供するサービスは増加傾向にあるため、職員数の単純な削減はサービスの低下につながりかねない。また、従来の係制では業務が固定化しやすく、柔軟な対応が困難になってきていた。そこで、職員数は削減しつつも、従来の硬直的な体制を打破し、効率的な業務執行の下で質の高いサービスを提供するために、流動的かつ機動的な組織体制が目指されることになった。

　こうしたねらいの下、同市ではこれまでさまざまな組織制度改革が実

施されているが、なかでも注目すべき取り組みは、1998年から係制を廃止し、すべての課に主査制が導入されたことである。これは、課の構成員を業務に応じて自由に組み合わせ、主査等（総括主幹・技幹、主幹・技幹、主査が含まれる）をリーダーとする業務担当（チーム）を編成してその業務の執行にあたるというしくみである。このしくみを円滑に機能させるために、事務分掌のくくりもこれまでの係単位から課単位に変更された。これは、係制による組織の固定性をなくし、業務の繁閑や新規業務などに応じて柔軟な執行体制を形成するためである。また、これまでの係長のポストをすべて主査等とし、中間管理職的ポストを廃止することで、迅速な意思決定と柔軟な運営を可能にするフラット型の組織の構築が目指された。

(2) 組織の構成と役割に関する変更点[22]

各課の執行体制については、基本的に課長に任せられており、課長は、課の業務の質や量、職員配置や資質に応じて、組織マネジメントの観点から最もふさわしい執行体制を決定する。つまり、従来の係制のように組織構造がまずあるのではなく、課として行うべき業務があり、その業務に応じて人員を柔軟に配置させることができるしくみとなっている。

この時、各業務担当（チーム）のリーダーとなるのは主査等であり、リーダーの下に主任や担当者が適宜配置されて業務の執行にあたる。また、業務の特性によっては、特に迅速な意思決定を必要とする業務や、専門的な知識や技能を要する業務の場合、こうした担当（チーム）を編成せず、直接課長に意思決定を求めることのできる主査等または担当者を単独で置くこともできる（課長直結制）。

さらに、意思決定の迅速化という点からも従来の課長補佐的な配置を禁止し、意思決定は担当者→チームリーダー（主査等）→課長というステップのみを踏むこととされた。この際、チームリーダーとしての主査等は自らも担当業務をもちつつ、チームやグループを管理していく役割もこなすことになる。リーダーは、組織（係）の長ではなく、業務のリーダーとしてチームのメンバーとともに業務に従事し、チームの意思決定

をするプレイングマネージャーとして位置づけられている。

(3) 人事・給与制度上の変更点

この主査制を機能させるために、人事や給与面での改革も並行して行われてきた。1997年度からは、部内の主査（当時の主幹）以下の職員配置換えについての権限と、部内の定数を変更しない場合において課以下の定数決定についての権限が部長に委譲され、人材活用の柔軟化が目指された。

2006年からは等級制度、給与制度、評価制度、その他周辺制度（研修等）によって構成される新人事制度が導入された。これは、従来の役割等級制度と主査制の運用において最も問題になっていた、処遇と権限の不一致を解消するねらいもあるとされる[23]。

このうち等級制度に関しては、組織における役割と責任の段階が、これまでの9段階から部長級→課長級→主査級→担当者級の4段階に変更され、従来の制度において役割が不明確であった職位について整理がなされた。さらに、この役割に応じた適正な給与処遇を行うために、給料表における職務の級と職位の対応関係も明確化された。

表8－1　職務の級と職位の対応関係

従前制度における対応関係			新しい等級制度における対応関係		
職位の名称	給料表での級		役割等級	職位の名称	新給料表での級
部長	8級	→	部長級	部長	新給料表8級
副部長	7級	→	課長級	課長	新給料表7級
参事		→			新給料表6級
課長		→			
総括主幹・技幹	6級	→	主査級	主査	新給料表5級
主幹・技幹		→			新給料表4級
主査	5・4級	→			
主任		→	担当者級	主任	新給料表3級
担当者	3〜1級	→		担当者	新給料表2・1級

（横須賀市総務部人事課資料より）

(4) 効果と課題

　職員数の削減については、1996年度に策定された「定員適正化計画」に基づいて、2001年度までに297人の削減が達成された。また組織の統廃合としては、1993年度から2006年度までに7部29課が削減された。これは部の約25％、課の20％に相当する。

　横須賀市のとる主査制のメリットとしては、業務の繁閑や新規事業などに臨機応変な対応ができること、係という壁がなくなることで従来の組織構造に起因するセクショナリズムを廃し、横断的な職務執行が可能になること、そして係制では限定されてしまう係長のポスト数を流動化させることが可能になる点などにあるとされる。

　従来の係制では、組織の形がまずあって、そこに人が配置されることになるが、この主査制では「課という組織の下には、与えられた仕事と人員がいるだけ」という前提に立ち、課長のマネジメントによって、臨機応変に執行体制を変えることができる。その結果、組織の形に応じた人の配置ではなく、業務の質や量に応じた人の配置が可能になる。また、これまでは係という組織の数に係長というポストの数も縛られてきたが、主査制では業務に応じてポスト数を増減させることができる。

　しかしその一方で、この制度にはまだ解決すべき課題も残されている。これまでにも、業務執行単位が係から課へと大くくりになることから、市民だけでなく他の課の職員からみても担当業務の内容がわかりにくくなる点や、所掌する業務に適した執行体制をとることができる反面、担当者間の関連が複雑化したり、課内の命令系統が錯綜し、業務分担や責任の所在が不明確化するおそれなどが指摘されてきた。これに対しては、事務室カウンターへの案内表示の徹底や、情報共有の重要性を周知した上で課内ミーティングを奨励するなどの対策が講じられ、市民はもとより職場内でも混乱を最小限にする努力がなされている。

　また、2003年に同市が行った職員アンケート[24]では、業務執行面だけでなく人事面での課題も多くあげられた。職位別にみると、主査等（リーダー）については、同じ職位の中にさまざまな役割等級が混在して

いたことから、処遇と権限の不一致について問題視する意見が多数みられた。これに関しては新人事制度で改善されているが、従来の総括主幹や主幹にあたる人にとっては降格ではないとされながらも、やはりモチベーションの低下が懸念されている。さらにリーダーとしての役割に加えて担当者としての業務を抱え、負担が増加しているともされる。

また、課長にはマネジメント能力としてリーダーシップや決断力がより求められるようになったために、個人の力量によって差が生じてしまったり、課内の管理すべき人員が増え、業務負担感も増しているとされる。主任については、その位置づけがあいまいであることや、職員の年齢構成に起因して、長期間主任に滞留し続けている人のモチベーション低下などが心配されている。

これらを受けて、同市では、主査制を構成する各職位の役割（職能）を明確にし、各課の実情に応じた柔軟なシステムとするなどの見直しを行っている。人事制度に関しては、新しい制度を定着させるため、全ての職員に人事制度ハンドブックを配布したり、管理職の意識改革やスキルアップ研修等の実施、部下等が上司等を評価する「多面評価（仮称）」の導入などが検討されている。今後の団塊世代の定年退職による人員構成の変化など、予測しうる変化を踏まえて、こうした人事制度・評価制度を含めた総合的な改革が目指されている。

■ おわりに
──改革の方向性と自治体政府の組織のあり方

前節でとりあげた事例は、自治体政府組織の構造やしくみに関する非常に画期的な改革である。これを踏まえ、自治体政府の組織は今後どのようなあり方を目指して改革を進めていくべきかについて、最後に考察する。

この事例は、従来の組織構造である係制から脱し、業務の目的や特質に応じて、人員をより有効に活用しようとするものである。それと同時に組織階層を低くし、意思決定の迅速化もねらいとされていた。こうし

た改革の帰結として考えられるのは、組織の能力面からすれば柔軟性と機動力の確保である一方、組織を構成する職員の側からすれば、一人ひとりの重要性がより高まるということである。

　ピラミッド型の組織構造をとる従来の行政組織においては、稟議制が意思決定の大きな特徴とされてきた。稟議制による機関決定はほとんど常に複数の構成員による決定の複合物であり、最終的な決裁は階統型の権限体系によって制度的に保証されることになる。これを裏返せば、個々の職員にとってはいわば「無責任の体系」(25)ともいえるのであり、つまり組織構造がフラットに（階層が低く）なるということは、成員一人あたりの意思決定に対する責任と重要性が増すことになるのである。

　このことは、個々の職員の側にはより高い職務遂行能力と、それを生み出す高いモチベーションが必要となることを意味する。また、組織の側には、そうした個人の能力を開発しサポートするための体制が必要となる。フラット化によって中間管理職が削減された結果、チームや課をまとめるリーダーの業務負担だけが増大されてはならない。また、係長的役職がなくなることで、OJTによる「人を育てる」体制が消失してしまわないよう、研修や教育の体制が整備されるべきであろう。業務遂行を個人の経験とスキルだけに頼らないようにするために、職場での情報と知識の共有手段の確保も必要である。高い能力とモチベーションを引き出すための、有効なインセンティブの手段も講じられなければならない。

　地方自治体の政府組織は、「民主・自治」および「能率化・合理化」を旨として編成されなければならない。しかし、それは決して組織の側からだけの、単純な能率化や合理化を意味するものではないはずである。財政問題など課題が山積する現状ではあるものの、単なる職員数の削減などの手法だけで乗り切ることは、人員構成のひずみが将来的に違う種類の問題を引き起こしかねず、非常に危険であるといえる。

　自治体政府の組織とは、「団体自治」を行う主体、つまり自律的な政治単位あるいは自己統治の機関であるがゆえに、住民や社会に対して開かれた組織でなくてはならない。「団体自治」とは、その地域における

統治がその地域の住民の創意と責任において民主的に行われる「住民自治」を実現する手段であるとして位置づけられるならば、自治体政府の組織には、こうした地方自治の本旨を実現する場であることが要請される。しかし同時に、多くの自治体職員にとって自治体政府の組織とは「職場」にほかならず、自律的に働くことができる自己実現の場としても機能しなくてはならないはずである。

地域の問題解決のため、住民と真摯に向き合い、自治体が自律的に政策を立案・実施し、行政責任や説明責任を果たしていくためには、こうした本来的な理念に立ち返った組織の改革や再構築が望まれるのではないだろうか。

〈注〉
(1) 川﨑政司『地方自治法基本解説』(2004年、法学書院)。
(2) 近藤哲雄『自治体法』(2004年、学陽書房)。
(3) 松本英昭『要説地方自治法第二次改訂版』(2003年、ぎょうせい)240頁。
(4) 近藤・前掲注(2)参照。
(5) ただし、当該自治体が出資している法人で政令で定めるものについては、この規定は適用除外とされる（地方自治法施行令第122条）。具体的には、自治体が資本金等を2分の1以上出資している第三セクター等の取締役などは兼ねることができる。これは、自治体が主体となって設立し、本来自治体が行うべき事業を代わりに行っている法人については、むしろその法人に対し自治体の意思をよりよく反映させ、外部に対する信用力を高めることができるとの観点からである。
(6) 佐藤竺監修・今川晃編著『市民のための地方自治入門』(2002年、実務教育出版)105頁。
(7) 近藤・前掲注(2)82頁。
(8) これらの規定は、2002年10月の地方分権推進会議を受けて2003年に改正されたものである。改正前は、都道府県については地方自治法で内部組織の標準的な部局の名称や分掌事務、人口数に応じた部局数が規定されており、都道府県は必要に応じて条例でその数を増減することができたものの、法定数を超える場合は事前に総務大臣に届け出なければならないとされていた。また、市町村については、改正前は条例で必要な部課を設けることができるとされており、その条例の届出の規定はなかったが、この改正によって市町村も都道府県と同様の取り扱いとされた。

(9) この規定についても、2003年の改正前においては、他の都道府県の部局の組織または市町村の部局の組織との間に権衡を失しないように定めなければならないとされていたが、改正後は配慮規定とされた。
(10) 2006年4月1日現在。総務省自治行政局公務員部給与能率推進室「地方公務員給与の実態」資料より（特定地方独立行政法人職員を含む）。
(11) 橋本嘉一・阿部守一・平口愛一郎・小池裕昭『地方公務員制度』地方自治総合講座5（1999年、ぎょうせい）29頁。
(12) 同上114頁。
(13) ただし、人事委員会を置かない地方自治体が、その実情に応じ、事実上の職階制にあたる職務分類制度を採用することは何ら問題がない。
(14) 大森彌『自治体行政学入門』(1987年、良書普及会）32頁。その他に、課や係の仕事を何人の職員で行うのが最適であるかという組織の適正規模があいまいになりやすく、員数の点で一定の伸縮性（スラック）をもっていること、したがって職員と仕事を同時に廃止するという形でなくとも組織改廃が可能になることなど。
(15) 大森彌『自治体職員論』（1994年、良書普及会）10頁。しかし、実際に仕事を進めていく場面になるとこうした大振りな内容では分業が不可能であるため、通常は別途職場単位で職務分担表を作成して決めていることが多いとされる。
(16) 大河内繁男「職員の異動と能力開発」西尾勝・村松岐夫編『講座行政学』第5巻（1994年、有斐閣）273頁。
(17) 牛山久仁彦「地方制度改革：自己決定・自己責任の地域社会を」地方自治職員研修臨時増刊75号（2004年、公職研）64頁。
(18) 平成8年地方分権推進委員会「中間報告」および平成8年地方分権推進委員会「第一次勧告」参照。
(19) 佐々木信夫「自治体行政改革の本質と設計」地方自治職員研修臨時増刊73号（2003年、公職研）。
(20) 白藤博行「『新自由主義改革』から『憲法主義改革』へ」地方自治職員研修臨時増刊75号（2004年、公職研）。
(21) 横須賀市は人口約423,000人（2006年4月1日現在）、2001年4月1日から中核市に移行した。市職員は3,888人（2005年度当初実数）である。以下は筆者による神奈川県横須賀市総務部行政管理課へのヒアリングによる。2006年4月実施。なお、同市の組織改革の経緯については大森彌・上田紘士『分権時代の自治体職員④組織の開発と活性化』（1998年、ぎょうせい）、横須賀市総務部行政管理課「組織フラット化の取り組み」地方自治職員研修臨時増刊73号（2003年、公職研）、「主査制をステップに自立する職員を育てる組織へ」

ガバナンス44号（2004年、ぎょうせい）を参照。
(22) 主査制は導入以後、実施状況などに関する職場アンケートに基づいて度々見直しが行われている。たとえば導入当初は課内の執行体制についてチーム制、グループ制という二種類を区別していたが、現在ではこうした区別は行われていない。
(23) 横須賀市では、等級制度を「役割」を基準にして設定しているので「役割等級制度」と呼んでいる。なお、等級制度を整理したことによって従来の副部長、参事はすべて課長に、総括主幹・技幹、主幹・技幹は主査という呼称に変更されたが、これは制度の整理によるものであって降格にはあたらないとされる。
(24) 2003年7月に「主査等の実施状況に関するアンケート」を同市総務部行政管理課が実施。配布件数600件、回答件数278件（回答率46.3％）。
(25) 辻清明『新版日本官僚制の研究』(1969年、東京大学出版会) 158頁。

コラム　　　　　団塊の世代とポスト数不足問題

　「団塊の世代」とは、第二次大戦後のベビーブーム期である昭和22年から24年生まれを指すが、多くの地方自治体においてこの世代の職員数が他の世代と比べて多いことから、人事・給与政策上、いろいろな問題を引き起こしている。わが国のいわゆる「年功的賃金体系」とは、年齢や勤続年数だけが基準となって賃金が決まる「年の功」ではなく、年齢・勤続年数とともに査定により評価された部分が加味されて賃金が決まる「年と功」のシステムではあるものの、基礎となる年齢・勤続給の部分が増加していくことによって、全体としての人件費の増加は避けられない。また、本文中でも触れたように、巨額の退職金が今後数年間のうちに必要になってくる。

　さらに、もう一つの大きな問題として、役職ポストの不足があげられる。なぜポストの不足が起こるのだろうか。それはピラミッド型の組織構造と大きな関係がある。もし仮に、同期採用者が全員平等に年齢と勤続年数によって昇進していく「年功的昇進管理」が文字どおり行われるとすれば、組織規模が大きくなり続けない限り、ピラミッド型の組織構造をそのままの形で維持することは不可能である。したがって、実際には数回の昇進選抜が行われることになるが、この時に同一年次内で管理職ポストに就けない者が増大する。しかも、このことは、彼らの下の年次の昇進時期を遅らせることにつながり、さらに問題を深刻化させる。

　この問題をどう解決するかについては、各自治体とも頭の痛いところである。現在進行しているさまざまな組織改革においても、ポスト数を増やすことをねらいとしている面が見え隠れするのも事実である。しかし、場当たり的ではなく根本的にその解決を目指すためには、昇進・昇格管理や賃金体系だけでなく、人材育成方針や職務のあり方、ひいては組織管理・組織経営の方向性をも視野に入れたトータルな改革が必要ではないだろうか。それとも、団塊世代の彼らが退職するまでのあと数年間、なんとか持ちこたえれば良しとされるのだろうか。各自治体の改革について、今後の動向が注視されるところである。

〔入江容子〕

第 9 章

自治体の政治システムと地域政治

地方分権改革の求めるものは、究極的には地域における自己決定と自己責任であるといわれる。集権的なシステムの下では、中央政府の施策を受け入れ、財政的に国に依存して公共事業が行われるなど、それが深刻な財政危機をもたらしてきた。そうした集権構造に、政治家が利益誘導的に関与し、財政赤字をふくらませてきた側面もある。本来、地域政治のシステムは、地域住民の意思を自治体の政治・行政に反映させるために必要なものであり、国の政治のサブシステムとしてのみ機能するのではなく、地域における一定の自律性をもったものとして捉える視点も重要であろう。地方分権を進めていこうとするならば、どのようにして自治体の自主的な決定を行い、広範な住民の合意形成によって自治体運営を行っていくのかが課題となる。それでは今日、自治体議会や首長システムといった地域政治をめぐる現状は、どのようになっているのであろうか。地方分権の推進の中で注目を集める地域政治ではあるが、多くの問題を抱えているのも事実である。本章では、地域システムの現状について論じ、分権時代にふさわしい、これからの地域政治システムについて検討してみたいと思う。

1　分権改革で求められる地域の自己決定システム

　地方自治には、住民自らがその決定に関わる「民主主義の最良の学校」であるという側面がある。住民の身近なところで決定が行われることによる効率性の確保もさることながら、何よりも自治体が住民の自己決定によって運営されることの意味が大きいといえよう。日本において、1990年代以降に展開された地方分権改革は、行財政改革としての側面を強くもち、国と地方の関係を改革し、その結果、それまで中央政府と上意下達の関係にあり、中央政府の「決定」に基づいて行動してきた自治体が、自らの政策やその方向性をどのようにして決定するのかという課題を負わされることとなった。

　それぞれの自治体が、その枠内で、あるいはその枠を越えて展開する地域政治は、行政と議会、そして住民の直接的な政治参加という回路を

通じて住民の意見を統合して政治的決定を行い、政策に反映させていく。行政の長と議会議員を選出する自治体選挙は、もっとも広範な政治参加を実現し、自治体政府の正統性を確保するという意味で重要であり、政治イベントとしての注目度も高い。それに加えて、地方自治制度の下では、リコールやイニシアティブといった直接参加の制度も準備され、住民投票制度も活用されている。そして、こうした文脈の中で、地域政治の重要性が増していくのである。

　それでは、地域政治の制度とそれをめぐる状況はどのようになっているのであろうか。集権性の強い統治システムを築いてきた日本の政府体系の下では、地域政治は中央政治の下位システム（サブシステム）としか位置づけられず、政治学も主要な関心を中央政治の分析に向けてきた。その意味では、かつて地域政治研究の重要性に着目した研究が展開されてきたことに目を向け、その上で現状の地域政治がどのように分析可能かを検討せねばなるまい。また、その前提として、日本の地方自治の政治システムが二元代表制をとる中で、どのような制度設計の下にあるのかを明らかにしておく必要もあるだろう。

　しかし、首長や議員を選出する自治体選挙において、地方分権改革が声高に叫ばれながら、主要な政党が分権の質を競い合い、争点を示して地域の自己決定を担うというにはほど遠い現状がある。たとえば自治体選挙における政党の「相乗り」が増加し、有権者の投票行動からの離反を招いたうえ、「無党派」首長の増加傾向が見られる点は、課題である。

　自己決定・自己責任による地域自治を基調とするはずの地方分権がいわれながら、その決定のシステムとしての地域政治や自治体選挙がどのように行われているのかを分析し、そのあり方について検討する必要があろう。そこで、次節以下では、そもそも地方自治の政治システムがどのように制度化され、機能しているのかを概説し、そのうえで日本の地方自治システムが直面している課題について論じてみたい。

2 二元代表制と首長・議会

(1) 首長の機能

　日本の自治体政治においては、二元代表制がとられ、国とは異なり首長が直接住民の選挙で選ばれる首長主義をとっている。これによって、住民の意思を直接反映させることや、議会と長が相互にチェック＆バランス（抑制と均衡）の関係をもつことにより、権力の濫用と公正な行政運営を保障しようとするのである。

　自治体を「代表」する機関として位置づけられ、行政の長として自治体職員を統轄しているのが都道府県知事や市区町村長といった首長である。自治体首長の統轄権は、自治体の事務の全般について首長がもつものであり、「代表する」という言葉の通り、「単に、各執行機関との関係について、その有する総合調整的な管理機能を指すのではなく、他の執行機関はもちろん、議会及び住民の全てを含めて、当該団体の事務について中心的な位置にあって一つにまとめ、その最終的一体性を保持することを示すもの」(1)であるといえる。これは、首長が、国のような議院内閣制のシステムとは異なり、大統領制のような直接公選制度によって選出されていることと無関係ではない。すなわち、首長は、自治体議会と並び立つ住民の代表機関として存在しているのである。

　首長の権限としては、事務の管理・執行権として、①議案提出権、②予算の調製および執行、③地方税の賦課徴収、分担金、使用量、加入金または手数料を徴収し、および過料を科すること、④決算を議会の認定に付すること、⑤会計を監督すること、⑥財産を取得し、管理し、および廃止すること、⑦公の施設を設置し、管理し、および廃止すること、⑧証書および公文書類を保管すること、そして以上のもののほか、当該地方公共団体の事務を執行することとなっており、その権限に広がりがあることがわかる。さらに、日本の自治体においては執行機関の多元主義(2)がとられており、教育委員会をはじめとする行政委員会などが置かれているが、「長による執行機関全体の一体的運営の確保」が求められ

ることから、首長に総合調整権が認められている。

　また、自治体の条例制定権と並ぶ重要なものとして、規則制定権が認められ、法令に違反しない限りにおいて、その権限に属する事務に関し、規則を制定することができ、規則中には、規則に違反した者に過料を科する旨の規定を設けることができる。この規則制定権は、自治体の制定する条例と同様、自治立法権の一つとして考えられており、住民生活にもさまざまな影響を与えるものである。

　端的にいえば、このように自治体の首長は、議会とともに自治体の二元代表制の一翼を担うが、議会に対してもさまざまな優越的な権限を保持している。

　第一に、議会の議決に対して、首長は再議（または再選挙）請求権を有する。この制度には一般的再議請求権と違法議決再議請求権と呼ばれる二つの制度がある。

　一般的再議請求権とは、議会における条例の制定もしくは改廃に関する議決または予算に関する議決について異議があるときは、首長はその送付を受けた日から10日以内に理由を示して再議に付することができるものである。すなわち、議会の条例・予算についての決定に対する一種の首長の拒否権行使であり、これに対して、議会は同一内容の議決を3分の2以上の議員の同意によって再議決しなければ、首長に対抗できない。一方、違法議決再議請求権の場合は、議会の議決（または選挙）が、法令等に違反すると認められるとき、首長はそれを再議に付さなければならず、これは一般的再議請求権とは異なり、首長の義務的な請求権となっている。この場合、議会は過半数の議決で首長の再議に対抗することができるが、さらにこれが違法であると認めるときは、首長は、市町村にあっては都道府県知事に、都道府県にあっては総務大臣に審査を申し立てることができる。したがって、都道府県知事、ないしは総務大臣はこれに対して裁定をくだすことができるが、この最低に不服がある議会または首長は、裁判所に出訴して、裁定を仰ぐこととなる。

　第二は専決処分権である。これは、議会において議決すべき事項に関して、必要な議決が得られないような場合に、首長が議会の権限に属す

るような事項を代わって行うことを認めたものである。すなわち、議会が何らかの理由によって、議員が集合して議会活動を行うことができないような場合や、議会を招集する時間的余裕がないとき、また議会が必要な議決を行わないような場合に、首長は専決処分を行うこととなる。専決処分が行われた場合であっても、首長は事後に議会の承認を得る必要があるが、承認が得られない場合でも、専決処分自体の効力には影響がない。その場合には、議会の合意が得られないような専決処分を行った首長に対する政治的責任が問われることとなる。

このように、日本ではしばしば「強い首長」と称されるように、議会に対して首長が優越的な関係を保持しており、議会の権能についての疑念が指摘されることがある。それでは、自治体議会はどのような機能と役割を果たしているのであろうか。

(2) 議会の機能

自治体の議会は、いうまでもなく合議制の議事機関として設置され、民主的な政治制度の下では、住民の意見を集約し、代表して討論することによって民意を反映しようという重要な機関である。議会は、日本国憲法によって必置とされ、これを置かないことは、現行法では認められておらず、住民の直接選挙による議員の選出を求めているというのが一般的な理解である。ただし、地方自治法は、町村に対して、「選挙権を有する者の総会」の設置を認めており、この町村総会を議事機関として位置づけ、憲法に抵触するものではない、という指摘もある。[3]

自治体議会の機能としては、大きく分けて、自治立法機能と行政監視機能があると考えられる。いずれも、住民の意見を集約し、自治体政治に反映させる代表機能が前提となる。

具体的な議会の権能として、地方自治法では、議会の議決事項として15項目が設定され、制限列挙されている。[4] 首長の権限が包括的に列挙されているのに対して、議会の権能は限定的に設定されているともいえるが、同時に条例で議会の議決すべきものとして定める事件に加えて、必要と認められるものを条例で議会の議決事項に加えることができる。

これは、議会の権能を拡大し、自治体の意思決定機関としての機能を強化するものである。三重県や岩手県では、法律上は議会の権限に属さない総合計画を議決事件に加え、行政の計画のあり方に対しても、議会がチェックを加えようという動きが見られるのは、こうしたことの現れである。

　自治体政治においては、国のような議院内閣制をとっていないため、自治体議会の地位は国会のそれとは異なっている。しかし、独任制の首長に対して、合議制の議会が果たす多様な住民意思の反映という役割がきわめて重要であることに変わりはない。それでは、すでに見たような自治体議会の自治立法ならびに行政の監視という機能は、こうした議決事項を担うことで果たされているであろうか。現実にはいくつかの課題がある。まず第一に、自治立法機能についてであるが、議会が自らの発議で自治立法を行う例がきわめて少なく、その制定にあたって執行機関（行政）に大きく依存している現状がある。これは、議会に自治立法を行うのに十分な体制がないことにもよるが、同時に議員の政策立案に対する姿勢に起因する点も大きく、分権の時代にふさわしい自治体議会のあり方として、政策形成能力を高め、自治立法能力を向上させる必要がある。

　一方、行政に対する監視についてであるが、議会は予算・決算の議決や承認といったものを通じて、これをチェックすると共に、監査や検査によって自治体行政運営に問題がないかを検証することとなる。自治体議会には、強力な調査権が付与されており、地方自治法第100条に規定されているいわゆる「100条調査権」は、議会が行政に対して、その事務調査権限を広く認めたものである。しかし、こうした議会の行政に対するチェック機能は、今日の状況の中で、十分にその機能を果たしていない面がある。それはどうしてなのであろうか。

3 二元代表制の課題と自治体選挙

(1) 二元代表制の機能不全

　議会と首長は、ここまで見てきたようなそれぞれの機能に加え、二元代表制とはいいながら、相互の関係を大統領システムとは異なる議院内閣制のシステムを加味したものとすることで、チェック&バランスが強化されている。すなわち、議会は首長に対して不信任決議権をもつと同時に、首長は議会解散権を保持して、不信任決議に対抗する。先にみたような議会の行政に対する強力な調査権もあるため、二元代表制がもつチェック機能が有効に果たされることが期待される。しかし、そうした制度が準備されているにもかかわらず、議会の首長に対するチェックが機能していない場合が見られる。それは、いかなる理由によるものであろうか。

　その制度上の課題や議員の資質によるところも大きいうえに、議会と行政の組織上の実力の違いがあることも事実である。しかし、その一方で、こうした議会と行政の関係を規定するものとして選挙をめぐる状況がある。すなわち、自治体首長選挙における議会の政党や会派と首長との推薦・支持の関係である。1980年代以降、日本の首長・議会の関係においては、いわゆる首長選挙時における政党「相乗り」が増加してきており、その結果オール与党体制が組まれることとなり、結果的に議会の首長に対するチェック機能が低下することになっている。以下では、そうした「相乗り」の状況について概観してみたい。

(2) 政党「相乗り」の状況

① 都道府県知事選挙

　都道府県知事が住民の直接公選で選出されるようになったことは、戦後の民主的な地方自治制度確立の中で大きな意味をもっていた。戦後直後には多くの県で、永きにわたり、形式的には直接公選ではあるが、実体的には中央政府の官僚が知事となる場合が多く見られた。しかし、全

国で革新自治体が誕生した1960年代から70年代にかけて、そうした状況に変化があらわれた。公害問題や福祉政策の遅れなど、高度経済成長のゆがみが住民生活を直撃する中、国政野党の社会党や共産党が支持する知事が東京・大阪など大都市圏を中心に次々と誕生し、自民党政権下の中央政府が進める開発優先、経済優先の政策に異議を唱え、福祉や環境といった政策の優先順位を高めた。高度成長期以降の革新自治体が、そのようにして、住民の支持を得た点は重要である。また、こうした自治体と中央政府との間に存在した、財政統制や政策誘導を媒介とした統制とそれに対する反発、さらにはそうした状況を打開するために自治体サイドでの政策発展が見られたことは、後の地方分権論議にも大きな影響を与えることになる。

しかし、1970年代の後半以降、革新自治体が退潮を迎える中、保守－革新という政党を機軸とした自治体選挙における対決は減少傾向となる。政党配置から見ると、革新自治体の誕生に役割を果たしてきた国政野党の「中道政党」が、自治体選挙において保守との「相乗り」に傾斜

表9－1　都道府県知事選挙における政党の「相乗り」状況

調査年	1985	1990	1995	2000	2005
自民単独	10(10)	11(9)	5(1)	2(0)	0
自民を含む2党	2	1	2	2	9
3党	18	11	8	6	9
4党	10	18	21	25	12
5党～	2	0	0	4	0
小　計	42	41	36	39	30
非自民単独	1	2	2	1	3
非自民　2党	1	1	3	1	2
3党	2	1	3	0	0
4党～	1	0	0	0	0
非政党（無所属）	0	2	3	6	12
小　計	5	6	11	8	17
合　計			47		

(『全国首長名簿』[5]から作成・（　）内は公認数)

したことがその理由と指摘される。⁽⁶⁾

　注目すべきは、革新自治体の退潮によって、80年代に入り官僚出身知事の増加が見られ、そうした状況の中、政党「相乗り」が一般化する状況が生まれたことである。表9－1は、都道府県知事選挙における政党の「相乗り」状況を整理したものである。ここでは、1985年から知事選挙における政党の推薦・支持状況を掲載してきているが、それ以降の変化を見るといくつかの傾向が見られる。

　まず、政党が単独で推薦・支持をする非「相乗り」候補の数であるが、1985年以降減少を続けていることがわかる。自民党が単独で擁立し、当選した知事は1985年には10名いたが、2002年では、わずかに1人の知事に激減し、2005年には0人となっている。しかも、1985年には、自民党が単独推薦する知事が、全て公認候補だったのである。非自民単独の知事は、従来から1～2名と少なかったが、2002年には0となった。それに対して、増加を続けてきたのが、自民を含む複数政党が推薦・支持をし、当選を果たした知事である。1985年以降、とくに自民を含む4党「相乗り」が増加してきており、その数は全都道府県知事の5割に達した。2党～3党「相乗り」を含めると、この時期の政党「相乗り」は全体の7割～8割となっている。この間、政党再編があったために、政党の数から「相乗り」について論じることには留保が必要であるが、それでもこの時期「相乗り」政党数が増加していることとあわせ、各政党が知事「与党」を指向してきていることが容易に想像できる。

　しかし、一方で、2000年以降、変化が見られるようになってきた。それは、政党の推薦・支持を受けない無党派知事の増加傾向である。「相乗り」に与せず、政党の推薦・支持を全く受けない知事は1985年には皆無であったが、その後増加を続け、2002年には6名に達し、2005年には、倍の12名にもなっているのである。

　こうした状況の中、非自民の「相乗り」は増加しておらず、政党が知事選挙において「勝ち馬」に乗ろうとする傾向は続いている。政党がオール与党体制で選挙に臨む状況が続く中、一方で無党派を掲げ、政党の推薦・支持を受けないで知事選挙に立候補し、当選する知事の増加が

表9-2 市区長選挙における政党の「相乗り」状況

調査年	1985		1995		2005	
自民単独	87	12.9%	56	8.1%	53	7.0%
自民を含む2党	89	13.2%	75	10.9%	95	12.5%
3党	154	22.8%	101	14.7%	98	12.9%
4党	66	9.8%	109	15.9%	54	7.1%
5党〜	17	2.5%	4	0.6%	—	—
小　計	393	58.3%	345	50.3%	300	39.4%
非自民単独	52	7.7%	56	8.2%	64	8.4%
非自民　2党	42	6.2%	22	3.2%	21	2.8%
3党	28	4.2%	12	1.7%	10	1.3%
4党	7	1.0%	3	0.4%	—	—
5党〜	—	—	—	—	—	—
小　計	129	19.1%	89	13.0%	95	12.5%
非政党	148	22.0%	179	26.1%	346	45.4%
その他	4	0.6%	74	10.8%	21	2.8%
合　計	674		686		762	

(『全国首長名簿』から作成)

続いているのが現状である。

② 市区長選挙

　一方、表9-2は、全国市区長の選挙時における政党の推薦・支持状況を、1985年以降、10年ごとに整理したものである。

　ここでも特徴的なのは、自民が1985年以降、政党単独で当選させた市区長が減少していることである。自民単独では、およそ15年間で87から53に減少してきており、その一方で非自民単独はほぼ横ばいとなっている。政党単独では、自民党および社民党の単独推薦・支持候補が減少しており、自治体政治では、政党再編に伴う分裂の影響がでていると見ることができる。一方、「相乗り」では、自民を含む「相乗り」、非自民「相乗り」ともに、減少してきており、市区長の政党離れが進んでいることがわかる。留意点としては、国政における自公連立政権の誕生に伴い、自治体政治においても自公の連携が目立ってきており、2005年の表での自民を含む2党の「相乗り」95のうち、自公が83となって

おり、自公の連携が自治体政治でもきわめて目立つようになってきている。また自民を含む3党の「相乗り」では、約半数が自公民でのものとなっている。

こうした政党が推薦・支持する市区長が減少傾向にある一方で、明確に示されているのは、政党の推薦・支持を受けない「非政党」市区長の急激な増加である。1985年に148名（22.0％）だった非政党市区長が、2005年には346名（45.4％）へと増加している。

こうした傾向は、年によって若干の増減はあるものの、この20年間、一貫して続いてきており、とくにここ10年間はこうした傾向が顕著である。政党の推薦・支持を受けない市区長は、過半数に達しようとしており、地域政治における政党の存在意義が問われる状況になっている。

それでは、こうした状況の中で、国政において野党第一党として自民党と政権を争っている民主党はどのような推薦・支持を市区長に与えているのであろうか。表9－3は、2004年5月から2005年4月までの1年間の間に行われた市区長選挙で、民主党がどのような形で市区長選挙に関与したのかを示したものである。

表9－3　民主党の推薦・支持状況（2004年5月～2005年4月）

自民を含む「相乗り」		非自民の「相乗り」		合計
		単独	5	5
2党	1	2党	3	4
3党	25	3党	3	28
4党以上	14	4党以上	0	14
合計	40	合計	11	51

（『全国首長名簿2005年版』より）

この表を見ると、自民と民主が2党で「相乗り」をする事例こそ少ないものの、3党以上で「相乗り」するものが51選挙のうち半数を占め、さらに4党以上の「相乗り」も含めると、全体の78％にも及ぶことがわかる。結党後、地域組織の整備を進め、党勢の拡大に努めてきた民主党の単独推薦・支持市区長が増加傾向にあらねばおかしいのであるが、その数は、2005年4月段階で自民党の53には遠く及ばず、公明党の35を

下回る14市区長に止まっているのである。国政では自民党と対決している野党第一党でさえ、地域政治においては、自治体政府の8割近くで自民党との「連合政権」を維持しているのである。

③ 「相乗り」首長の増加と議会

このように、自治体選挙における政党の推薦・支持状況について、都道府県知事、市区長ともにいくつかの共通の特徴が見られる。それは、①政党独自に擁立し当選を果たす「単独政党」型の首長の減少、②従来自民党と距離をおいていた政党であっても、自治体においては自民党と連合政権を形成する政党の増加、③政党の推薦・支持を受けない「非政党型」首長の急増、である。

これらの背景には、いくつかの要因が考えられる。第一に、自社さ連立、自自公連立、自公保連立など、国政における自民党を中軸とする連立政権が次々と形成されたため、自治体においても、旧社会党系を含め、自民党と「相乗り」することへの抵抗感がなくなってきたこと、また民主党が保守系議員も多数抱えているために、「相乗り」を違和感なく受け入れられることがある。とくに、公明党については、国政において自民党との連立政権を維持する状態が続き、国政選挙における選挙協力が一般化する中で、必然的に自治体選挙においても強力な連携をする例が増えている。これが、上記②の要因となっている。また、その結果、③とあわせて政党単独推薦・支持候補が減少することとなる。

第二に、共産党など一部政党を除く政党「相乗り」の増加は、有権者の選択肢を奪い、政策選択の幅を狭めたため、地域政治への規定力が低下し、有権者の無党派指向が強まったことがある。そのため、むしろ自治体首長の場合、広範な支持が得られる市民派を自認し、政党の支持を受けずに当選を果たす候補が増えてくることとなる。これが③につながるが、有権者のみならず、候補者の側にも政党の推薦・支持を受けることを避ける傾向すらあらわれてきている。なお、有権者の「相乗り」候補からの離反は、当選には至らなくても、共産推薦の候補者が「相乗り」に挑む場合の得票数の増加という形であらわれた時期もある。また①については、「相乗り」への傾斜と、さらには自民が公明と連携する例が

急激に増えてきており、これが自民の単独推薦・支持による市区長誕生を減少させている。このように、首長選挙では、「相乗り」で「政権与党」になることを目指した結果、選挙における政党や会派の役割が低下してきていることがわかる。もちろん、自治体首長選挙は、二元代表制の下で行われるのであるから、何も政党の推薦・支持が必須なわけではなく、住民が直接選んだ首長と議会のそれぞれが得た民意をもとに、チェック＆バランスによって、住民のためになるような政策運営を行うことができればそれに越したことはない。

しかし、市町村合併によって自治体規模が大きくなり、小規模な村の選挙のように、候補者の「顔」が見える選挙を行うことが難しくなる中で、候補者の選定や政策議論を行うべき政党の役割は小さくないように思われる。自治体首長選挙で、マスコミに顔が売れている、知名度の高い候補だけが当選を果たせるというような状況が生まれることは、必ずしも民主的な自治体政治を担保しないであろう。また、反対に「勝ち馬」に乗るためだけに政党が「相乗り」に傾斜することは、有権者から見た場合、政策選択の機会が失われるばかりでなく、選挙後の議会による首長チェック機能が低下し、二元代表制をとりながら首長と議会の間の緊張感が失われる結果となるのである。

4 地域政治研究のこれまでと今後の課題

(1) 地域政治をめぐる研究動向

日本の自治体政治のシステムは二元代表制を基礎にしながら、直接的な市民・住民の参加をふまえ、機能してきた。また、自治体や地域を舞台として行われる地域政治の動態について、そうした制度をふまえながらどのように展開されてきたのかについての研究も始まった。

日本における地域政治研究が着手されたのは、高度経済成長期の「地域開発研究」を通じてであるとされ、地域政治研究には「二つの相互の密接に関連した研究史の系譜が存在」し、その「一つは行政学会における（中央－地方関係を含む）地方行政研究の一環としての地域開発研究で

あり、もう一つは（蠟山政道のイニシアティブで始まった選挙研究から出発した）地方における選挙、政党、さらには集票組織としての町内会、労組の地方組織などについての地方政治研究の系譜である」とされる[8]。そこでは、地域開発をめぐって展開される利益集団の対抗と協調、そして、首長・議会をめぐる選挙や政治的対抗についての研究が重なり合い、日本の地域政治のダイナミズムが明らかにされた。このことによって、地域における政治過程分析が進められたことが重要である。こうした一連の地域開発研究をふまえ、「中央あっての地方」「中央に従属する地域」[9]「中央政治のサブシステムとしての地方政治」ではなく、自律性をもった地域の政治、中央政府と地方政府、ないしは都道府県－市町村といった政府間の相互作用に着目した「相互依存」的なモデルの提示が可能となったのである[10]。

　補足すれば、こうした研究の背景には、従来注目されることの少なかった政治学の分野での実証的な研究や、政治のダイナミズムを分析する政治学分野における過程分析の発展があったことはいうまでもない。そうした研究手法や地域における政治過程分析に着目し、実証的な研究を行ってきたのが、米国を舞台に展開され、政治学の発展に寄与したCPS（Community Power Structure）論争である。この論争は、ミルズによってもたらされた米国政治のエリート論的な視点からの分析や地域[11]における一元的な権力の構成とその動態を描き出そうとしたハンターらと、それに対してそうした権力の存在を否定し、米国での多元的な政治体制が形成されていることを主張するダールらとの間で交わされたものである。

　たとえば、ハンターは、アトランタ市における大企業出身エリートによる政策決定集団が形成されていることに着目し、「声価法」（reputational approach）によって、集団のリーダーのもつ影響力を明らかにしようとした[12]。その結果、地域やコミュニティにおいて、政策決定を行う集団の存在を見出したのである。ミルズとは若干視点は異なるものの、地域における権力エリートの存在を肯定し、その上で地域権力構造を分析したものといえよう。

それに対して、ダールは多元論の立場からこれを批判した。「ほとんどすべての成人は投票はするが、知識、富、社会的地位、役職への接近および他の資源は不平等にしか配分されていない政治制度にあっては、誰が実際に統治しているのか」[13]と問いかけながら、ダールは実証研究を通じて、地域に「多元的政治体制が存在しており、資源と影響力をもった「政治的企業家」であっても、単一的な権力は保持しておらず、未活用の資源が「政治的企業家」に権力形成の多くの機会を与えると同時に、その資源を地域社会の誰でも活用して、対抗しうると考えた。それが、「民主主義と平等」というアメリカの信条によって支えられ、政治的資

コラム　　自治体議員の政務調査費

　自治体議員の仕事にはさまざまなものがあるが、条例を制定したり、行政の動きを監視することが、その中の代表的なものであることはいうまでもない。しかし、国会議員と異なり、自治体議員には国会図書館もなければ政策秘書もおらず、政策の立案やチェックをするための用意は十分とはいえまい。もちろん、自治体と一口で言っても、人口350万人を数える横浜市から、200人ほどの青ヶ島村まで存在しており、政策形成等をめぐる能力にも大きな差があることはいうまでもない。ただ、議会事務局が置かれている現状や、議員の政策形成支援の状況については共通する課題も少なくない。

　そうした問題の一つに自治体議員の政務調査費の問題がある。政務調査費とは、地方自治法第100条第13項、および第14項に定められたものであり、「議会の議員の調査研究に資するため必要な経費の一部として、その議会における会派又は議員に対し、政務調査費を交付することができる」とされたものである。また、交付の対象や額などは、条例で定めることとなっており、自治体の規模や財政状況に応じて金額が異なっている。もともと、自治体ごとにバラバラであった制度を、地方分権によって、自治体の自己決定権が拡充するのに応じて法定化したものである。したがって、分権時代にふさわしい自治体議会をつくるためにも、政務調査費は必要なものであり、一層の充実が図られることによって、議会の政策形成や

源が集中から拡散に向かうと考えたのである。

　こうした地域権力構造をめぐる論争は、地域社会における権力の多義的理解を可能にし、その分析枠組みを拡大したが、地域権力構造分析におけるエリート主義的理解と、地域社会における政治的アクターのダイナミズムをつなげることで、地域政治研究の発展にも寄与した。こうした論争が、日本の地域政治研究にも大きな影響を与えたのである。

　また、先に見たように、相互依存モデルに基づく日本の地域政治分析がスタートしたことは、今日の分権型社会のキーワードたる自己決定、自己責任の実現のためには何が必要かということに視点を移させる。村

調査に関する能力を高めるのに必要なものであるといえよう。

　ところが、この政務調査費について、全国的に批判が集まりつつある。それは、政務調査費の使い方や透明性に関する問題が生じたからである。2006年に愛知県の複数の市議会の議員らが、政務調査費を使って出張をしながら、実は観光に興じていたことが報道されたり、別な市議会では、政務調査費の一部をストックし、市議会議員の選挙に使っていたことが裁判で暴露された。これらは、いうまでもなく、政務調査費の本来の目的を逸脱したものであり、許されるものではない。しかし、そうした使い方が横行する背景には、政務調査費に使った費用の領収書添付や公開が義務づけられておらず、専ら会派への報告程度にとどまっている点や、そもそも政務調査費の使途基準についてのマニュアルを独自に、そして詳細に制定している自治体が圧倒的に少ない面がある。政令指定都市の中には、大阪・名古屋・横浜などのように、年間で600万円を超える政務調査費を支給している自治体もあり、これらの使い道があいまいでよいわけがない。

　自治体行政をチェックし、範を示すべき自治体議会の、政務調査費の使い方の基準が徹底せず、使い道も検証不可能ではまずかろう。また、本来政策形成能力の向上に資するための費用でありながら、有効に使われなければ、議会は分権時代における重要な役割を果たすことができないであろう。地方分権の時代の中で、議会に期待するところは少なくない。その意味で、政務調査費の有効利用と説明責任の確保が強く求められる。

〔牛山久仁彦〕

松岐夫は、「新しいモデルの要は、もろもろの選挙である」とし、「さらに市町村選挙が諸レベルの選挙構造の基礎にある」(14)と述べている。自治体選挙により地元選出の国会議員と自治体議員の相互作用、自治体選挙を通じた住民意思の中央政府への伝達が行われることとなり、その意味で自治体選挙は重要な意味をもつ。そして、この自治体選挙をめぐって、さまざまな政治的アクターが活動し、そのダイナミズムが選挙結果に影響を与えるような政治的イシューをもたらすこともある。地域政治における地域権力の構成が、どのようになされるのかという点にも選挙は大きな影響を与えており、さらに地方分権の推進によって、それが地域の政策に与えるインパクトは大きくなってきているのである。

(2) 日本における地域政治の今後とローカルマニフェスト

　それでは、地方分権改革が進んでいる日本の社会において、地域政治をめぐる状況はどのようになっているのであろうか。いうまでもなく、ここまで述べてきたコンテクストからは、自己決定・自己責任のために地域政治の自律的な展開と、国政との相互作用による地域からの要望の集約、機能的な国政との関係が期待される。また、民主主義の学校たる地方自治の機能を高め、国政に対するチェックをはかることも期待されている。

　そのためには、地域政治の中で、政党や議員、首長が、国政の下部機関たる状況から脱却し、有権者としての住民の意向が十分に反映された代表の選出と、それらによる住民意思を反映した政策提起が求められることはいうまでもない。そのためには地域の住民の意見を集約する政党の存在が重要であり、住民は政党が掲げる政策や政治方針を羅針盤として投票行動を行うのであるといえよう。住民の意思が正しく議会や首長の政策に反映されたり、国政に届けられることが期待されるのである。

　ところが、政党が首長選挙において、そうした政策を争うことなく、「相乗り」によって、首長選挙を行う例が増加していることを指摘した。そうした状況が各地の自治体で現出することによって有権者は投票行動に関心を示さなくなってきたのである。オール与党体制の下で、結果の

わかりきった選挙では、投票への関心が薄れ、投票率の低下が常態化するとともに、候補者も特段政党の推薦・支持を受けなくても選挙に勝てるような状況が生まれているのである。実際に、政党の推薦・支持を受けない知事や市区長の数は増加してきており、政党が自治体政治において果たす役割は低下している点は、すでに触れたとおりである。

また、「相乗り」は、政党間の政策論争を行いにくくするため、有権者には候補者間の政策の違いがわかりにくくなる。そして、有権者の選挙への関心を低下させ、低投票率を招く場合もある。そこで、分権改革の推進によって、自治体行政の政策指向が強まる中、ローカルマニフェストを掲げて選挙に臨む首長が増加しつつある。ローカルマニフェストとは、候補者が掲げる「政権公約」であるが、日本において従来いわれてきた公約に比して、その具体性や実現可能性の点で、違いが強調される(15)。そして、マニフェストの配布等について法的な整備も進められている(16)。こうした動きが、自治体政治に変化をもたらすのかどうか、注目されるところである。

今後は、こうした議会・首長の制度的課題をふまえつつも、地域政治の展開の中で、住民投票制度や市民参加制度など、市民・住民の直接的な政治参加のあり方について、十分に検討していく必要もあろう。地方分権改革が地域の自己決定・自己責任に基づく自治体政治システムの確立を求めるものである以上、自治体をめぐる地域政治の動向は、今後ますます重要になっていくだろう。

〈注〉
(1) 松本英昭『要説地方自治法（第一次改訂版）』(2003年、ぎょうせい)。
(2) 多元主義とは、首長の下に置かれた首長の補助機関のほか、教育委員会などの補助機関や、監査委員会などが置かれ、それぞれの執行機関が独立した権限をもっている。これは、大きな権力を保持することとなる首長への権限集中を避け、複数の執行機関に権限を分散して民主的な行政運営を担保しようとしたものである。
(3) 松本・前掲注(1)243頁。
(4) 地方自治法第96条が定める15項目は、以下の通りである。①条例を設け又は改廃すること。②予算を定めること。③決算を認定すること。④地方税の

賦課徴収又は分担金、使用料、加入金若しくは手数料の徴収に関すること。⑤その種類及び金額について政令で定める基準に従い条例で定める契約を締結すること。⑥条例で定める場合を除くほか、財産を交換し、出資の目的とし、若しくは支払手段として使用し、又は適正な対価なくしてこれを譲渡し、若しくは貸し付けること。⑦不動産を信託すること。⑧その種類及び金額について政令で定める基準に従い条例で定める財産の取得又は処分をすること。⑨負担付きの寄附又は贈与を受けること。⑩権利を放棄すること。⑪条例で定める重要な公の施設につき条例で定める長期かつ独占的な利用をさせること。⑫普通地方公共団体がその当事者である審査請求その他の不服申立て、訴えの提起、和解、あっせん、調停及び仲裁に関すること。⑬法律上その義務に属する損害賠償の額を定めること。⑭区域内の公共的団体等の活動の総合調整に関すること。⑮その他法律又はこれに基づく政令（これらに基づく条例を含む。）により議会の権限に属する事項。

(5) 本章で用いているデータは、㈶地方自治総合研究所が毎年発行している『全国首長名簿』によるものである。また、第3節の内容は、拙稿「自治体選挙の動向と課題」年報自治体学19号にて発表しているものを含んでいる。

(6) このように自民が公認・推薦および多党との連携で多くの知事ポストを獲得した理由について大森彌氏は、「端的に言って、1976年の総選挙を転機とした民社・公明両党の戦略転換を反映していた」とし、民社・公明両党が共産党との共闘を嫌い、国政段階の「中道路線」がそのまま地方選挙に持ち込まれて立場を親共産から親自民に逆転させたことを論じている。大森彌・佐藤正三郎編『日本の地方政府』(1986年、東京大学出版会) 223頁。

(7) 大嶽秀夫『高度成長期の政治学』(1999年、東京大学出版会)。

(8) 同上170頁。

(9) 大嶽も指摘しているように、この時期の「本格的な地域開発研究」としては、佐藤竺『日本の地域開発』(1965年、未来社)、井出嘉憲『地方自治の政治学』(1972年、東京大学出版会)、大原光憲・横山圭次編『産業社会と政治過程』(1965年、日本評論社) などがある。

(10) 村松岐夫『地方自治』(1988年、東京大学出版会)。

(11) ミルズは、1956年に『パワーエリート』を刊行し、世界中の政治学者、社会学者に大きな衝撃を与えた。ミルズは、米国が国家・企業・軍部のトップがエリートを形成し、他の諸制度を従属させていることを論じ、大衆社会状況と軍産複合体の形成の中で、アメリカンデモクラシーの危機的状況を批判した。C.W.ミルズ、鵜飼信成・綿貫譲治訳『パワーエリート(上)・(下)』(1956＝1969年、東京大学出版会)。

(12) フロイド・ハンター、鈴木広監・門口充徳訳『コミュニティの権力構造――

政策決定者の研究』(1998年、恒星社厚生閣)。
(13) ロバート・A・ダール、河村望・高橋和宏監訳『統治するのはだれか』(1988年、行人社)。
(14) 村松・前掲注(9)70頁。
(15) ローカルマニフェストについては、UFJ総合研究所国土地域政策部『ローカル・マニフェストによる地方のガバナンス改革——自治体が変わる、地域も変わる』(2004年、ぎょうせい)など参照。
(16) 2007年2月の公職選挙法改正で、国政選挙でしか認められていなかったマニフェスト配布について、1枚紙(2つ折りも可能)の「ビラ」形式として首長選でも配れるように制度整備がなされた。ビラ作成にかかる費用を条例によって公費で賄い、候補者負担を無料化できる条文も盛り込まれた。配布枚数の上限は知事選が衆院小選挙区数に応じて10万〜30万枚、政令指定都市の市長選が7万枚、一般市長選(東京23区を含む)は1万6000枚、町村長選については5000枚と定めた。

第10章

政府民間関係の変容と公共サービス

公共サービスの供給主体は行政改革の進捗とともに多様化している。行政は公共サービスの中心的な担い手から後退し、供給のあり方を考案する役割に移行しているといってよい。20世紀から21世紀への世紀転換期においては、行政に民間の経営手法を大胆に導入しようとするNPM（New Public Management、ニュー・パブリック・マネジメント）の思想が日本の行政改革にも大きな影響を与えた。NPMの祖国の一つであるとされるイギリスでは、エージェンシー化（外庁化）、PFI（Private Finance Initiative）、強制競争入札制度などが具体的な手法として導入され、「政府から民間へ」という流れの基礎を構築した。

　日本においても、1980年代以降の行政改革において民営化、規制緩和、民間委託といった「民間化」が進捗しているが、近年その傾向はいっそう顕著になっている。NPMの影響を受けた法律の制定、法改正が相次いでいることからも明らかである。政府民間関係が大きく変化し、このことは公共サービスのあり方それ自体の再検討を迫っている。

　そこで本章では、まず政府と民間との共同事業体である第三セクターが行政改革によっていかに変化しているかについて検討し、続いてPFI、構造改革特区、指定管理者、独立行政法人などの新制度について検討する。さらに、市場化テストなど直近の動向についても考察を行う。

1　第三セクターからPFIへ

(1) 第三セクター統廃合の加速化

　日本における第三セクターとは、一般に「行政と民間事業者が共同出資して設立した事業体」とされており、法律用語ではない。欧米のように行政と民間事業者以外の第三の主体（非営利組織など）をサード・セクターととらえる用法とは異なっている。この日本型第三セクターは、商法法人（株式会社など）と民法法人（財団法人、社団法人）に大別される。行政と民間との中間領域でありながら、営利法人と非営利法人が混在しているのである。

　2002年1月1日現在では、全国に1万159の第三セクターが存在して

いた。当時の自治体総数の3倍を上回る。第三セクターの設立が拡大したことの最大の要因は、「バブル経済」である。1988年から92年には、いわゆる「民活法」、「リゾート法」といった第三セクターを活用、支援する法律の設定を背景に設立ラッシュを迎えた。すなわち、両法にもとづく具体的な開発の事業主体の一つとして第三セクターが想定され、期待されていたのである。バブル経済の絶頂期と重なり、これらにもとづく地域開発主体として多数の第三セクターが設立された。そして、民間の潤沢な資金と自治体の事業意欲によって、第三セクターは地域開発の分野だけでなく、社会福祉、教育、文化など、多彩な分野に拡大していったのである。

しかしながら、バブル経済の崩壊によって、1993年以降は一転して設立鈍化へと向かう。この時期、特に株式会社形態の第三セクターを中心に経営状況の悪化が明らかになってきた。積極的に事業を展開してきた第三セクターであったが、急激な環境変化に対応できず、事業の失敗、赤字額の拡大が全国的に目立つようになってきた。行政と民間との「寄り合い所帯」というデメリットが指摘されていた事業体であるから、純粋な民間事業者に比べて変化への対応が遅いという欠陥が露呈するようになった。そして、2006年3月現在では、第三セクター等は9,208法人となり、減少傾向が顕著である。

このように、経営上の問題点がさまざまな形で取りざたされたことにより、根本的な改革を断行することが求められたのである。たとえば、自治省（当時）主導による「行政改革大綱」においても、第三セクターとしての外郭団体について、その改革が項目化されていた。第三セクターが行政と民間との共同組織という点に特徴があるとすれば、20世紀末にそれに代替する制度として登場したのは、共同による組織設立よりもいっそう民間への流れを体現するPFIであった。

(2) ポスト第三セクターとしてのPFI

自治体がそれぞれの地域において公共サービスに関わる方法は多様である。規制改革の進捗によって「行政から民間へ」という流れが定着す

る以前より、行政と民間が共同出資して設立する第三セクターという組織、行政がその事務事業の責任を有したまま実施を外部化する民間委託という手法が定着していた。民間委託については、いわゆる「直営・委託論争」などの議論を経て、多くの自治体で拡大の方向にある。伝統的な民間委託が原則として個別事務事業を単位にしているのに対し、PFIが注目されるのは、たとえばある公共施設を例にした場合、その設計、建設、管理などを一括して委託可能な手法だからである。これは法律にもとづく一種の規制緩和として位置づけることが可能であろう。

PFI (Private Finance Initiative、プラベート・ファインナンス・イニシアティブ) とは、従来公共部門が提供していた公共サービスについて、その資金面も含めて民間事業者が主導的に実施することにより、設計、建設、管理運営を一括して民間に委ねる方法である。この手法は民間委託の拡大でもあり、また、公共サービスの主体を民間へ移転する手法として考えることもできよう。後述するように、PFIには多様な類型があり、そのとらえ方もさまざまである。PFIを積極的に導入したのがイギリスであり、とくにサッチャー、メージャーの保守党政権時代に浸透した。日本にも医療、教育、公共施設等の分野について紹介されている。その後、ブレア労働党政権時に若干の転換が行われたが、日本が導入の際にもっとも参考にしたのはイギリスである。

日本では、1999（平成11）年7月に「PFI法」（民間資金等の活用による公共施設等の整備等の促進に関する法律）が制定され、国、自治体のそれぞれでこの制度が活用されることになった。PFIの対象分野は以下のとおりである。

1) 道路、鉄道、港湾、空港、河川、公園、水道、下水道、工業用水道等の公共施設
2) 庁舎、宿舎等の公用施設
3) 公営住宅および教育文化施設、廃棄物処理施設、医療施設、社会福祉施設、更生保護施設、駐車場、地下街等の公益的施設
4) 情報通信施設、熱供給施設、新エネルギー施設、リサイクル施設（廃棄物処理施設を除く。）、観光施設および研究施設

5) 前各号に掲げる施設に準ずる施設

対象分野はこのように広く、現在地方公営企業法に基づいて供給されているサービスについても対象となっているものがある。社会福祉施設を例にすれば、施設の設計から始まり、その建設、完成後の維持管理を一貫して担う企業グループに事業を委ねることが可能な手法である。そして、民間事業者のかかわり方も多様である。

PFIは多様な分野で導入され、行政と民間との関係も定型的なものはなく類型化も複雑である。ここでは、一般的な類型化として、事業の収益性による分類と事業スキームによる分類を紹介しておきたい。

収益性の観点からは、サービス購入型、ジョイント・ベンチャー型、独立採算型が主要形態となる。サービス購入型では、事業者が施設の建

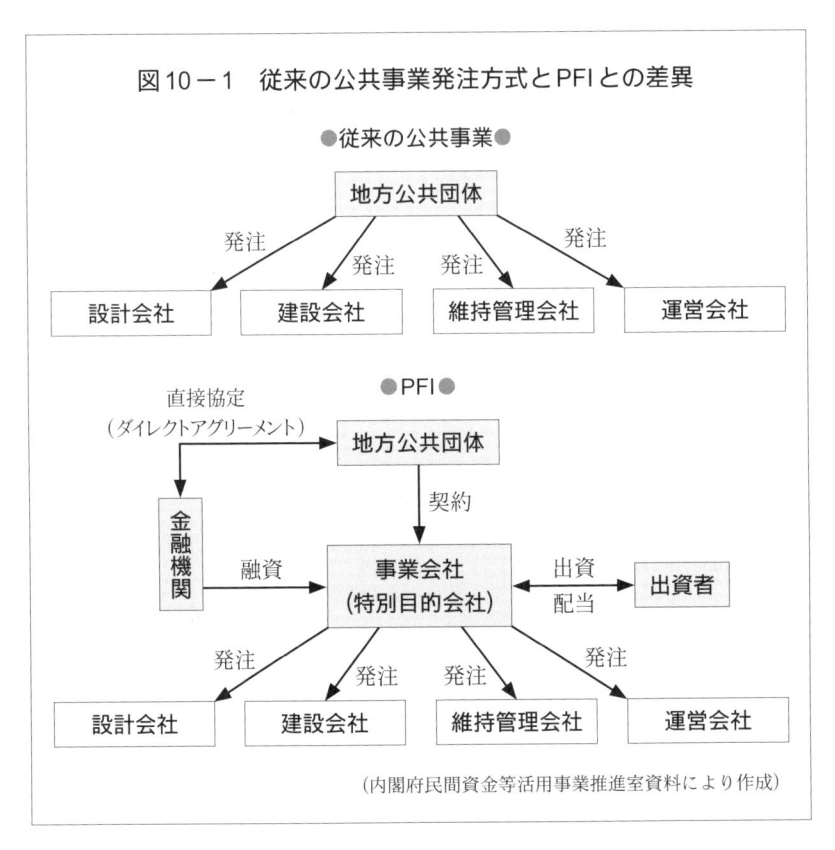

図10－1　従来の公共事業発注方式とPFIとの差異

●従来の公共事業●

地方公共団体 → 発注 → 設計会社／建設会社／維持管理会社／運営会社

●PFI●

直接協定（ダイレクトアグリーメント）

地方公共団体 → 契約 → 事業会社（特別目的会社）
金融機関 → 融資 → 事業会社
事業会社 ↔ 出資／配当 ↔ 出資者
事業会社 → 発注 → 設計会社／建設会社／維持管理会社／運営会社

（内閣府民間資金等活用事業推進室資料により作成）

設と運営、住民に対するサービスを提供し、行政はその対価を事業者に支払う。ジョイント・ベンチャー型では、事業者が利用者からの料金収入や行政からの補助等を資金として、施設の整備と運営を主導する。そして独立採算型では、事業者が資金調達、施設の整備、管理運営を全面的に行い、料金収入などで独立的に事業コストを回収する。

　事業スキームによる分類は多様であるが、主要なものとしてBOT、BTO、BOOがある。BOT（Build Operate Transfer）方式では、事業者が自ら資金を調達し、施設を建設（Build）し、一定の期間管理・運営（Operate）を行い資金回収した後、行政に施設を移転（Transfer）する。BTO（Build Transfer Operate）方式では、事業者が自ら資金を調達し、施設を建設（Build）し、その所有権を行政に移転（Transfer）し、その代わり一定の期間管理・運営（Operate）を行う。BOO（Build Own Operate）方式では、事業者が自ら資金を調達し、施設を建設（Build）し、一定の期間管理・運営（Operate）を行うが、所有権は行政に移転しない。

　このようにPFIの類型は様々であるが、公共サービスの供給にあたってその主体が事業者に大きくシフトしていることは論を待たない。しかし、行政はそれが"公共"のサービスであることを念頭にPFIの導入、導入の際の方式の選択を行わなければならないであろう。

2　構造改革特区制度

(1)　特区の概要

　規制改革は多面的に進行しているが、本格的な分権時代に対応した改革の一つが構造改革特区の制度である。この制度は、小泉純一郎内閣発足の翌年である2002（平成14）年6月25日に閣議決定された「経済財政運営と構造改革に関する基本方針2002」で提起されたものであり、この方針に基づいて、2002年12月18日に「構造改革特別区域法」が制定された。

　この法律に基づく構造改革特区とは、民間事業者や自治体などの自発的な発案により、地域の特性に応じた規制の特例措置を導入する特定の

地域（特区）を設けて、構造改革を推進するというものである。背景には、従来の国の規制が実態にそぐわなくなり、それが民間事業者の経済活動や自治体の自主的な事業を妨げているという認識がある。各地域からの自発的な申請に基づき、認定された際には当該地域に対して現行の規制についての特例措置（一般的には規制の緩和）を講ずるものである。いわば、特定地域に対する限定的な規制緩和である。その認定にあたって、国は補助金、税の減免、地財措置などの従来型の財政措置は講じないこと、自治体は適切な代替措置を講じるなどの責任をもってその実施にあたることが前提となっており、まさしく分権時代に対応した制度であるといえよう。

　各地域から申請される特区に関連する現行の規制はさまざまな国の政策分野にまたがっており、これを推進するために構造改革特区推進本部が設置されている。この本部の本部長は内閣総理大臣、副本部長は内閣官房長官、経済財政政策担当大臣、規制改革担当大臣、そして本部員としてその他のすべての閣僚が構成員であり、全省庁的な課題であることが明らかである。

　次に、提案から認定までの流れをみておこう。構造改革特区が認定されるためには、自治体（あるいは民間事業者）が、まず特区を設定し、その特区内で適用させようとする規制の特例措置を盛り込んだ構造改革特別区域計画（「特区計画」）を策定し、内閣総理大臣の認定を受ける必要がある。内閣総理大臣の認定にあたっては、規制を所管している関係省庁の同意が必要であり、その同意は複数省庁にまたがることもある。申請の際には、各地域において自治体と民間事業者が連携を図ることも重要であり、地域の諸課題を多様な主体の参加によって解決することを促すものといえる。

(2) 特区の全国展開

　上述のように、構造改革特区は地域を限定した規制の緩和、撤廃であるが、その効果が認定された場合には、全国展開を実施することもありうる。その際には、規制の根拠となっている法律などの諸制度を見直す

ことになる。その検討を含めて、特区の評価は評価・調査委員会（2007年5月の再編までは評価委員会）が担当している。この委員会は有識者によって構成されており、規制の特例措置の効果などを評価し、その結果に基づいて構造改革の推進に必要な措置について、構造改革特別区域推進本部長に意見を述べることができる。

　構造改革特区については、実施される規制に関する特例措置に関して、あらかじめ定めた評価時期にその実施状況に基づいた評価が行われることになっている。特区による規制の特例についてとくに問題点が指摘されていない場合には、全国展開を推進することが原則となっているのである。しかしながら、地域性の強い特区については必ずしも全国展開の対象となるとは限らない。特段の問題が生じているかは、規制の特例措置について全国展開を行った場合に発生する弊害と効果により、判断するものとされている。全国展開を実施することは、いわば大きな転換をはかることである。なぜなら、その際には構造改革特区の認定を解除し、その規制の根拠となっている法令（法律、政令または主務省令）の改正を行い、制度自体を見直すことになるからである。全国展開を含む特区の評価にあたっては、サービスの供給者と受給者双方の視点を念頭に置くことが求められている。

　評価に基づいて全国展開が実施される際には、以下の基準に該当することが必要となる。ただし、前述のように地域性が強いなどの理由で対象とならないこともある。

・弊害が生じていないと認められる場合
・弊害が生じていても、規制の特例措置の要件、手続を見直すことで弊害の予防等の措置が確保され、かつ、見直された予防等の措置について特区における検証を要さないと認められる場合
・弊害が生じていても比較的微小であり、規制の特例措置を全国展開した場合の効果と比較検討し、効果が著しく大きいと認められる場合

　このように、構造改革特区は当初より全国展開を念頭に置いている制度であることを確認しておくことが重要である。すでに株式会社による

農業参入、幼稚園児と保育所児の合同活動など多数の分野で全国展開が実施されている。ここでは、教育と交通分野の事例を素材として全国展開の実際を考察しておきたい。

まず最初は教育分野の事例であり、構造改革特区の第1回目の認定の一つである東京都八王子市における「不登校児童・生徒のための体験型学校特区」である。この特区において目的とされたことは、不登校児童および生徒を対象として公立の小中一貫校を設立し、学力に応じた習熟度別ステップ学習、多様な体験学習など特色ある教育課程を編成・実施し、対象者の社会的自立を促すことである。それとともに特徴的なのは、保護者の精神的、経済的負担の軽減をはかることも念頭に置いていることである。ここでの規制緩和は、文部科学省が所管している学習指導要領を弾力的に運用するという点が中心である。八王子市では、この特区に基づいて2004（平成16）年4月に「高尾山学園」を開学した。その後、不登校問題に対処するための特区が全国で相次ぎ、文部科学省は2005年度に「不登校児童生徒等を対象とした学校設置に係る教育課程弾力化事業」を全国展開することになった。

次に、交通の分野で体表的な事例である移送サービスを紹介する。これは地域におけるニーズが存在、拡大していながら中央省庁の"縦割り行政"の中で問題が露呈してきた側面もある。移送サービスとは、主として個人的な手段での外出が困難であり、また公共交通手段を容易に利用できない状況におかれている高齢者・障害者に対して行う交通のサービスのことである。いわば"福祉的な交通"であり、交通を所管する国土交通省（運輸省）と福祉を所管する厚生労働省（厚生省）の両省とも制度面で需要に対応しきれていなかった。しかしながら、現実にはNPOなどの市民活動団体が実費程度の費用によって移送サービスを実施しており、これは当時の道路運送法（第80条）では違法な行為であった。事業者免許を取得していない自家用車で有償の輸送を行うことは禁止されていたからである。そこで構造改革特区を活用し、東京都世田谷区などで「NPO等移送協働特区」を申請し、事業者免許を所有しないNPOが有償で移送サービスを行うという申請を行った。世田谷区では2003（平

成15）年に認定されたが、その際に、運送主体については自治体が依頼する社会福祉法人、NPO等が担うこと、対象を単独での交通機関の利用が困難である高齢者や障害者に限定すること、福祉車両（車椅子用リフトなど）を使用すること、運転者は普通二種免許所有者か十分な能力と経験を有する者とすることなどが条件とされた。この特区はその後全国展開され、2006（平成18）年には道路運送法の改正も実施された。

このように、地域の住民レベルでの問題提起が構造改革特区を経て国の制度改正に至る事例はさまざまな分野に及んでおり、地方分権と規制緩和が合流しているこの制度については今後も注目に値するといえよう。

3 指定管理者と地方独立行政法人

(1) 指定管理者制度

前述したPFIが世紀末に近い1999年に発足してほどなく、21世紀初頭にも自治体の公共サービス供給方式をめぐる大きな動きがあった。指定管理者制度と地方独立行政法人制度がそれである。

指定管理者制度は、2003年における地方自治法の一部改正によって新たに制度化されたもので、公共施設の管理運営についての新しい試みである。この制度は、自治体による管理権限に基づき、第三セクターなど自治体の出資法人や公共団体が管理受託者として公の施設の管理を行う従来型の「管理委託制度」を改め、自治体の指定を受けた民間事業者が「指定管理者」として管理を代行できるという制度である。

新旧制度の相違点をもう少し詳しく説明しよう。管理委託制度の時代においては、自治体が建設した公共施設などについて、議会の承認（条例の制定）により管理受託者、施設の料金等を決定しており、委託先は自治体出資法人（いわゆる「第三セクター」で、当該自治体出資比率50％以上）などに限定されていた。一方、指定管理者制度においては、議会の承認（条例の制定）により指定管理者が施設管理を代行することとなり、指定管理者の範囲に特段の制約がない。そのため、民間企業やNPOなどを事業者とすることが可能となり、法改正の趣旨からすると、事業者を拡

大、多様化するものである。まさに、第三セクターという公民混合組織から純粋民間組織へのシフトを促進する制度改正である。

指定管理者の指定手続、指定基準、業務の具体的範囲、管理基準などについては条例により制定することとなっており、公募が原則である。明らかに競争原理の導入である。しかも、指定管理者は、施設の使用許可を行うことができ、利用料金をその収入とすることも可能となっている。施設の使用許可については、いわゆる「行政処分」に該当する事項が民間にも拡大されたと解釈され、これも従来のしくみにない新しい試みである。

指定管理者制度の対象となる公の施設としては、住民の福祉を増進することが目的とされている施設とされ、庁舎以外の道路、水道、文化施設、体育館、保養所、保育所、老人養護施設などの諸施設が対象となっている。しかし、ここには"個別法優先の原則"が適用され、一定の制限がある。指定管理者制度の根拠となる地方自治法は、「公の施設の管理に関する一般法」と位置づけられ、個別法に地方自治法と異なる規定がある場合には、そちらが優先されるという意味である。たとえば、学校、河川、病院などがそれに該当する。具体的には、公立病院が株式会社形態の指定管理者に病院の管理運営を代行させることは可能であるが、医療法という個別法により業務の範囲には制約がある。すなわち、診療を中心とする医療行為までを代行させることは不可能なのである。

指定管理者制度については、導入当初、民間事業者への移行を促進するために、地方自治法および総務省の通知により、3年以内（2006年まで）での移行という年限を設定した。そのため、公共施設やコミュニティ施設などを中心として移行が進行し、ここでは、民間企業だけでなくNPOが指定される事例もある。また、従来の団体が再び指定される可能性もあろう。これらの動向については今後に注目したいが、現在受託している第三セクターについて統廃合の流れが加速化することはほぼ確実であろう。しかしながら、管理運営団体の移行のみに注目が集まっては本末転倒である。住民にとって高い質のサービスを安定的に供給するしくみを各自治体が考案することこそ肝要であると考えられる。

(2) 地方独立行政法人制度

　指定管理者制度と並んで注目すべき新しい展開が、地方独立行政法人制度の構築である。この制度については国が先行しており、その制度を模範として確立されたものである。国においては、2001年に実施された中央省庁改革の一環として発足したものであり、国の職務を政策管理部門と実施部門に大別し、実施部門については、国直轄から切り離して別法人を設立するという制度である。当初、国の美術館や博物館、研究所などが対象となり、2001年から段階的に法人化されている。なお、国立大学については、2004年に国立大学法人を創設して運営することとなった。

　国に引き続いて、自治体レベルでも2003年の地方独立行政法人法の制定により、2004年の4月から制度が発足することになった。法制定の背景には、国の独立行政法人と同様に行政改革の潮流があったことは論を待たない。この制度の概要は、自治体レベルで当該自治体とは別の独立した法人格をもつ主体を設置し、事務および事業を行わせるもので、自治体の事務の多様化に即応し、事務執行の効率化、弾力化を一層推進することが目的とされ、事務事業の自律的、効率的な実施が想定されている。

　法人化の対象組織としては、試験研究機関、大学、公営企業（水道事業、地下鉄等の鉄道事業、自動車運送業、軌道事業、電気事業、ガス事業、病院事業、その他政令で定める事業）、社会福祉事業（保育所、介護施設）、公共的な施設があげられている。指定管理者制度との選択が検討される分野もあることがわかる。各自治体は法人の設立にあたって、条例を制定することが必要となる。

　この制度において注目されるのは、職員の身分である。地方独立行政法人には、特定地方独立行政法人、一般地方独立行政法人および公立大学法人の三類型があり、大学以外は原則として一般地方独立行政法人に移行し、特定地方独立行政法人は職務の性質上公共性が高いものに限定されるとされている。そして、特定地方独立行政法人の場合には法人移

行後も職員の身分は公務員であるが、一般地方独立行政法人および公立大学法人の場合は非公務員型であり、法人移行後は職員の身分は公務員ではなくなることになっている。このことは、公共サービスの供給主体について、その組織のみならず職員の身分についても大きな移行を促進する変革である。さらに、従来の自治体による直接的運営に比べて議会のコントロールが希薄になり、情報公開、個人情報保護など既存の制度との関係についても必ずしも十分でないなどの課題は残っている。

　この制度については、当面公立大学の移行が注目されることになろう。国では国立大学を2004年4月に法人に移行したが、自治体の場合には、全大学が同時ということにはならない。大学については、公立大学法人の名称の使用、教育研究の特性への配慮、他業の禁止などの特例があるが、その存立意義にも関わる「大学の自治」をどのように確保していくのか、各自治体と大学関係者の真価が問われるといっても過言ではないであろう。

　発足してから時間が経過していないため評価は困難であるが、公営企業を運営し、大学を設立しているような大都市自治体においてとくに大きな影響が及ぶことだけは間違いなかろう。

4　市場化テスト

(1)　イギリスにおける強制競争入札（CCT）

　日本において2006（平成18）年に導入された「市場化テスト」のモデルの一つとして、イギリスにおける「強制競争入札制度」（Compulsory Competitive Tendering）があげられる。これは、サッチャー首相（保守党）が就任した翌年の1980年に導入されたもので、自治体の事務事業について民間事業者と同一基準での入札を義務づけたのである。これは、国の法律によって自治体を拘束する制度という点に特徴がある。当初は「1980年地方自治・土地・計画法」において導入されたが、数度の法改正などにより、段階的に対象事業を拡大し、その過程で、いわゆる現業部門中心から企画部門までその範囲に含めるなどの改革が実施された。

サッチャー政権を引き継いだ保守党のメージャー政権時代には、中央省庁の業務にも市場化テストが導入されたが、それは自治体とは異なり強制ではなかった。

　法律により、対象となった業務については、官民競争入札を義務づけることとなり、自治体には選択肢は存在しない。イギリス全体では、業務によって行政、民間のいずれに落札されたかに差があるとされている。ごみの収集、道路の維持などは行政が比率が高く、建物の維持管理、給食の配給などはその逆であるといわれている。なお、民間に落札された場合には自治体の当該部局の職務がなくなるため組織は廃止される。また、対象となった事業については、行政が落札しても行政組織の本体からは分離され、原則として独立採算性への移行が義務づけられていた。

　強制競争入札の導入という改革手法については、当初よりさまざまな課題が指摘された。第一に、価格面での競争が強調されすぎているという点である。このため業務が拡大するにつれて質の評価を導入するようになった。第二に、職員の処遇である。民間の落札により、組織が廃止された際には、落札した事業者が職員を雇用する原則があったが、公務員としての給与、身分が保障されないため、退職した職員も存在したとされる。第三に、国の法律によって強制することは自治権の侵害であるという主張もあった。入札の強制については、ブレア労働党政権の2000年に廃止された。

(2)　日本における市場化テスト法の制定

　日本において市場化テストが本格的に検討されたのは、2001年に設置された総合規制改革会議においてである。この審議会での答申を受けて2004年3月に閣議決定された「規制改革・民間開放推進3か年計画」の中で、導入に向けた調査、研究が開始された。後継組織である規制改革・民間開放推進会議では、2005年9月に、「『小さくて効率的な政府』の実現に向けて」において、市場化テストを導入するための法律制定が明記され、さらに同年12月には同会議の第2次答申において、法案の国会への早期提出、市場化テストのモデル事業として社会保険庁関連業

務、ハローワーク関連業務、自治体が実施する業務などが列挙された。そして、2006年2月に法案は閣議決定され、国会に提出された。

　市場化テストを推進する法律の正式名称は、「競争の導入による公共サービスの改革に関する法律」である。2006年6月2日に可決、同年7月に施行となった。同法の第1条により、目的などは以下のように規定されている。

　「この法律は、国の行政機関等又は地方公共団体が自ら実施する公共サービスに関し、その実施を民間が担うことができるものは民間にゆだねる観点から、これを見直し、民間事業者の創意と工夫が反映されることが期待される一体の業務を選定して官民競争入札又は民間競争入札に付することにより、公共サービスの質の維持向上及び経費の削減を図る改革（以下「競争の導入による公共サービスの改革」という。）を実施するため、その基本理念、公共サービス改革基本方針の策定、官民競争入札及び民間競争入札の手続、落札した民間事業者が公共サービスを実施するために必要な措置、官民競争入札等監理委員会の設置その他必要な事項を定めるものとする。」

　イギリスとは異なり、この1本の法律によって国、自治体双方の官民競争入札などが規定されている。この法律の基本理念として民間事業者の創意工夫により公共サービスの改革を行い、そして、その見直しにより、国の行政機関等、自治体の事務・事業として行う必要のないものは、廃止するということが中心となっている。この理念の反映が市場化テストである。

(3)　日本における市場化テスト

　法律の制定により制度として導入されることとなった市場化テストの目的としては、公共サービスの質の向上、経費・人員の削減に代表される公共サービスの効率化、民間のビジネスチャンスの拡大などが考えられている。政府を中心とする公共部門が主としてその供給を独占してきた公共サービス分野について、公共と民間が対等な立場で競争入札に参加することで、サービスの価格と質の両面でもっとも優れた主体がその

供給主体となる。このような競争入札の方法には二つの種類がある。第一に「官民競争入札」であり、行政と民間が競争関係に置かれるという原則的な形態である。第二に「民間競争入札」であり、この形態では行政は入札に参加せず、当初よりサービスを民間に移行することが前提となっている。市場化テスト導入の可否とともに、その形態も選択されるのである。

　市場化テストの対象は国、自治体のいずれにも及んでいる。制度導入を検討していた当初から、国が率先して実施するという方向性が明らかにされており、複数のモデル事業を提示していたが、法律が制定されたことにより、広く国の行政機関などが実施する公共サービスの中から、官民競争入札・民間競争入札または廃止の対象業務を選定することとしている。なお、国レベルでは省庁組織のほか、独立行政法人、国立大学

コラム　　　　公立大学の改革と多様化

　第10章の本文でも考察したように、2003（平成15）年に制定された地方独立行政法人法に基づき、全国で設立されている公立大学にも大きな改革の波が押し寄せている。国立大学については、同じく2003年に制定された国立大学法人法にもとづいて2004年に一括して法人化が実施されたが、公立大学はそうではない。まさに地方分権の時代にあって、大学組織の検討は各自治体が独自に行っている。

　少子化にともなう18歳人口の減少により、大学をめぐる状況は必ずしも明るくない。また、文部科学省による"規制緩和"により、学部学科の多様化は急速に進捗している。公立大学は国立大学、私立大学との競争に立ち向かわなければならない。こうした状況の中で、公立大学法人制度が発足した。ここでは、具体的な事例を紹介する。

　日本の公立大学法人第1号は2004年に秋田県に設立された国際教養大学である。同県では、県内高校生の約8割が県外の大学に進学するという実態を前提として、国の法律が制定される以前から国際系大学の設置を検討しており、制度発足により法人化を選択した。この大学は、すべての講義を英語で行うことで話題を呼んだが、法人化による組織運営にも特色

法人、大学共同利用機関法人および株式会社形態以外の特殊法人も対象組織となっている。

前述したように市場化テスト法においては、国とともに自治体についても市場化テストを実施する主体に位置づけられている。国は自ら市場化テストを積極的に推進するとともに、自治体が官民競争入札および民間競争入札を実施することが可能となる制度的な環境整備を実施することとしている。自治体が市場化テストを検討する際には、現行法の規定によって公務員以外は担当できない自治体の業務について法令上の特例を設定し、そのうえで官民競争入札などの対象とする必要がある。その際には、自治体が独自の判断によって、地方自治法および地方自治法施行令に基づいて規則などに手続を規定することで、官民競争入札などの実施を可能とする。

がある。意思決定の迅速化により効率的で柔軟な大学経営を目標としており、教員の人事に関して任期制、年俸制などを導入するだけでなく、外国人の管理職登用なども行っている。

「国際教養大学」設立の翌年である2005年以降、法人化する大学が全国的に増加するが、その際の特徴の一つに再編統合がある。同一都道府県内に複数の公立大学・短期大学が設立されている場合に、法人化と再編を同時に実施する例である。東西の代表例が、東京都立大学、東京都立科学技術大学、東京都立保健科学大学、東京都立短期大学の再編統合により設置された首都大学東京、大阪府立大学、大阪女子大学、大阪府立看護大学の再編統合による新しい大阪府立大学の設置である。とりわけ首都大学東京の設立については、大規模な学部再編とともに"行政主導の"改革が波紋を投げかけた。

一方で、2007年4月時点で法人化を選択していない事例もある。再編を実施したが法人化していない山梨県立大学、兵庫県立大学などがそれである。また、市町村レベルで設置している大学で再編の可能性がなく、法人化していない事例として都留文科大学などがある。

大学を組織の視点から考察してみると、その多様化には興味深いものがある。　　　　　　　　　　　　　　　　　　　　　〔前田成東〕

市場化テスト法では、特例を設定した業務を「特定公共サービス」としており、具体的には当該公共サービスを民間事業者が担う場合に必要となる資格や規制緩和などの措置に関する法令上の特例が設定される。こうした「特定公共サービス」について官民競争入札などを実施し、入札の結果によっては民間事業者がサービスを実施することもある。このほか、市場化テストにおいて特例措置として対象とされている自治体の「窓口6業務」がある。戸籍謄本、納税証明書、外国人登録原票、住民票、戸籍の附票、印鑑登録証明書がそれである。

　このようなしくみに基づいて対象となった公共サービスが入札の対象となり、落札者がサービスの供給主体となる。入札にあたっては、単なる価格競争に陥らないよう、総合評価競争入札方式の導入が必要となる。予定価格を下回るという前提の下で、サービスの質、供給方法などについて多彩な評価の視点を構築することが枢要である。評価項目の考案、各項目の比重の設定などは自治体が独自に行うこととなる。総合評価の結果、行政が落札した際には入札による競争を経ているために効率化の進捗が期待され、民間事業者が落札した際には新しいサービスの供給方法が期待される。

　市場化テストを通じて公共サービスを民間化するにあたっては、課題も存在している。第一に、対象となる公共サービスについて、その検討の過程を情報公開することである。第二に、サービスについての評価システムの構築である。ここでは、外部評価、第三者評価などの導入もありうる。第三に、民間への移行が実施された際の行政組織の再編、行政職員の雇用問題である。「官から民へ」の移行のみがクローズアップされる制度に陥ることは避けなければならない。

■ おわりに

　本章では、政府民間関係の変容について主要な動向を考察してきた。ここで検討できなかった新しい動向の一つに公益法人制度の改革がある。政府は、2004年12月における「今後の行政改革の方針」を閣議決定し、

そこにおいて「公益法人制度改革の基本的枠組み」を具体化した。これにより、現行の公益法人の設立に係る許可主義を改め、法人格の取得と公益性の判断を分離し、公益性の有無に関わらず、準則主義（登記）により簡便に設立できる一般的な非営利法人制度を創設すること、各官庁が裁量により公益法人の設立許可等を行う主務官庁制を抜本的に見直し、民間有識者からなる委員会の意見に基づき、一般的な非営利法人について目的、事業等の公益性を判断するしくみを創設することを制度化することとした。新制度は2008年度に施行される予定である。

　指定管理者制度、PFIの台頭による伝統的な第三セクターの統廃合、地方独立行政法人、公益法人の改革など、法人制度は新しい局面を迎えている。また、構造改革特区などの制度化により、新しい形の政府民間関係が自治体レベルで模索されている。今度もこうした流れを注視する必要がある。

終章

これからの自治体と地方自治の行方

地方自治をめぐる現状は、ここまで各章で論じられているように、さまざまな側面から変化が見られ、住民本位の政策運営を行うための取組みが行われてきた。しかし、一方で、深刻な財政危機や住民の多様なニーズに応えるための対応など、自治体そのもののあり方や自治のしくみについての検討も求められている。とくに、市町村合併の推進や連邦制・道州制をめぐる議論は、自治の枠組みの変化や、そもそも自治とは何かということを問いかけるような根本的な問題を含んでいる。本章では、最後にそうした市町村合併など自治体再編成をめぐる状況について概観し、今後の自治体や地方自治のあり方について考えるものである。

1　転換期の地方自治

　地方分権改革が具体的に動き出し、住民主体の分権型国家形成に向けた歩みが全国の自治体で見られるようになってきたのは、2000年4月の地方分権一括法の施行を契機とすることに異論はなかろう。しかし、その一方で、この前後から、自治体をめぐる環境の変化に対応するため、自治体そのもののあり方が、厳しい状況変化にさらされているのも事実である。

　地方分権改革によって、自治体には権限や財源の委譲が行われることとなったが、その結果、自己決定・自己責任が自治体に迫られることになり、自治体は自らの政策運営や行政サービスの方向性についての選択を迫られた。また、行財政運営の効率化や質の向上が求められた結果、「最小の経費」で「最大の効果」をあげることが厳しく求められることとなり、民間委託や民営化が急務とされることとなったのである。

　そうした中、究極の自治体行財政改革として中央政府が自治体に求めたのが自治体の再編成としての市町村合併である。いうまでもなく市町村は基礎自治体として住民の最も身近なところにあり、そこでの政策運営や行政サービスの提供が、住民生活を大きく左右する。しかし、基礎自治体＝市町村といっても、その規模や能力はまちまちであり、最も大きな横浜市が人口350万人を数えるのに対して、最小の青ヶ島村はわず

かに人口200人である。

　それら市町村の行財政能力を一律に論じることができるわけもなく、地方分権に伴う行財政権限の委譲についても同列には論じられるわけもない。そこで、市町村合併によって地方分権の「受け皿」を整備し、権限委譲に耐えうる基礎自治体を創ることが求められたわけである。いうまでもなく、こうした市町村合併の推進は、大規模な自治体の再編成が行われることを意味し、それが地域の自治のあり方に与える影響はきわめて甚大である。

　さらに、こうした市町村合併の推進は、基礎自治体の大規模化をもたらすと同時に、それらを包括する広域自治体としての都道府県のあり方にも影響を与えることとなるであろう。現に、合併などによる大都市の誕生は、各地に政令指定都市の誕生を促しており、都道府県からの権限委譲が進んでいる。このことは、道州制論議にもつながる要素をもっており、現に道州制実現の議論が始まっているところである。

　そこで、終章においては、こうした市町村合併や道州制をめぐる議論を展望し、地方分権を担う新しい自治体像について考えてみたい。また、こうした自治体のあり方は、住民生活に直結すると同時に、住民の総意と自治を育む努力によって支えられねばならないであろう。したがって、市町村合併をめぐる議論には、合併や道州制といった広域行政もさることながら、地域自治や都市内分権など狭域の自治のあり方も内包されるはずである。分権時代の地方自治について、広域・狭域の両面から検討し、今後の自治の行方を探っていきたい。

2　市町村合併と自治体改革

(1)　市町村合併をめぐる動向

　市町村は、市制町村制施行以来、一貫して数の減少を求められ、いわば「規模の拡大と数の減少」が繰り返されてきた。そして、戦後の合併は以下の3期に区分されると考えられる[1]。まず、戦後の第1期合併は「地方自治の名に値する基礎自治体づくり」を目指すものであり、戦後の地

方自治法制定に伴う事務配分によって、一定の規模をもった自治体規模をもつことが市町村に求められたことによる。そして、敗戦の痛手から脱却し、復興を果たした日本で「高度経済成長に対応するための都市の育成」が目指されたのが第2期合併である。1950年代後半から1970年代にかけて進められたものがそれで、第1期合併ほどの多くの合併が進んだわけではない。その理由は、合併の条件が整っている地域はすでに第1期に合併を果たしていること、広域行政施策の整備によって合併によらなくても広域的な行政需要を満たすことが可能になったためである。

そして第3期合併は、「平成の大合併」などと評され、近年注目された。それが求められる理由は、以下の3点にある。第一に、地方分権の推進のための「受け皿」である。市町村と一口にいっても、その規模は数百万人を数える政令指定都市から、数百人の村までまちまちで、一言で分権を進めるといっても簡単にはいかない。したがって、自治体に一定の規模を確保することによって、自治体政府への専門職員の配置を可能にし、政策形成能力を高める、効率的な行政を進めるといったことが分権の「受け皿」として求められる。第二に、国・地方を問わない深刻な財政危機の問題がある。割拠した自治体区域が効率的な自治体行政の運営を妨げ、また小規模町村における住民一人あたりの行政経費が非常に高い。第三に、地域住民のサイドから見たときに、現在の行政区域が生活圏や通勤・通学圏に合致しておらず、まちづくりが阻害されている場合などに、それを解決するために広域的なまちづくりが可能になる場合がある。

市町村が中央政府の合併推進方針を無視できない理由は、地方分権にもかかわらず大きく変わることのない、集権的な財政システムによるところが大きい。小規模町村は、国からの移転財源に大きく依存しており、その減額はきわめて厳しい行財政運営を自治体に強いることになる。合併を進めぬのであれば、いわば「兵糧攻め」にあう不安の中で、自治体は市町村合併に取り組んでいるという現状がある。

市町村合併をするメリットとしては、自治体規模の拡大による職員の効率的な配置や統制、財政規模の拡大による集中投資、職員削減や施設

の効率的配置による経費節減などを合併を契機に進めることができる。中央政府からの財政的な支援や特例措置も大きなウエイトを占める。

　もっとも、こうした合併による効果は、必ずもたらされるということではなく、具体的にそのための計画を立案し、実行に移す中で実現するといってよい。いわば、市町村合併を検討することに意味があるとすれば、それを契機として自治体のあり方を問い、分権時代にふさわしい自治体づくりをどのように進めていくのかを考えるところにあるのである点には注意を要するであろう。

(2) 市町村合併の意義と課題

　それでは、市町村合併を考える上で必要な視点とはどのようなものであろうか。まず第一に、市町村合併をする場合、地方分権の時代にふさわしい住民本位の自治体をつくることを目指す必要があるということである。たしかに、財政上の効率化や合理化は市町村合併の重要な動機となりうるが、そのことによって地域住民の利便性が低くなったり、生活に不都合が生じることになってはならないことはいうまでもない。低い負担で高いサービスを得ようと地域住民が望むことは当然であり、自治体はそれを追求しなくてはならないのであるから、市町村合併でそれができないのであれば、意味がない。

　第二に、地方分権改革は、集権的体制の下で中央政府の後見監督を受けるかのような状態にあった自治体を、政策形成能力をもった総合行政主体へと組み替えていくものであるから、市町村合併がその目的を実現できるかを検討せねばならない。総合行政主体としての自治体は、権限委譲を受けるために合併が求められているとされるが、合併によって生まれる自治体の規模はまちまちで、合併によっても依然として市の要件には満たないものも多い。その場合、総合行政主体たることは可能であるのか、またそうしたことを保証する措置がとられるのかは未知数である。したがって、合併を検討する際には、総合行政主体としての自治体政府が建設可能かどうかが議論されるべきであろう。

　第三に、市町村合併によって生まれる自治体のあり方や負担と給付の

あり方は、地域住民自らによって決められる必要がある。すなわち、先に述べたように、住民は低い負担と高いサービスを求めるが、それに応えるには限界があるのは当然である。その際、市町村合併によって生まれる自治体が、どのような負担を住民に求め、サービスを行うのか、あるいは地域住民がサービス供給にどれだけ協力できるのか、そうした点が議論されなければならず、その意味で適切な役割分担による行政サービスのアウトソーシングや住民と行政の協働施策が構想される必要がある。

すなわち、合併によってどのようなまちづくりが行われ、必要なサービスがどのように供給されるのか、それについての負担と給付の関係はどうなっていくのか、そしてその結果、総合行政主体としての自治体政府がどのように創られていくのかが重要なのである。合併後の姿を議論し、方向づける法定協議会は、そうした疑問や課題に答えを出し、地域住民に市町村合併によってもたらされる地域社会の将来像を提示することが求められているのである。

市町村合併のメリットとしてあげられるのは、以下のようなものである。すなわち、役所の規模拡大による政策形成能力の拡大と効率化・サービスの向上、財政規模の拡大による重点投資規模の拡大、公共施設の効率的配置（重複施設の解消）、中心市街地の活性化による人口の増加、高齢化率の高い地域へのサービス継続、職員数の減少による義務的経費の削減、議員・首長数の削減による財政負担の軽減、といった点である。一方、デメリットも少なくない。合併のデメリットとしてしばしば指摘されるのは、身近な役所の消滅とサービスの低下、重点投資の中心市街地への偏向、公共施設の整理による利便性の低下、周辺部の過疎化、周辺地域におけるきめ細かいサービスの供給困難、職員数減少によるサービスの低下、議員数の減少による民意反映の低下、などである。

これらを見ると、メリット・デメリット論の論点は、サービスの向上、財政負担の軽減、それらを支える政策形成能力の向上といったところであり、反対にそれらメリットが人口の多い中心自治体に集中することに周辺地域が強い危惧を抱いているということであろう。したがって、合

併協議の際にこれらの不安を解消し、デメリットを払拭するためには、新自治体全域の交流を容易にする交通網の整備、市民の不安を解消するサービス供給量確保の見通し、庁舎の統廃合による利便性低下を防ぐIT化、市民・住民の参加を保障するコミュニティ施策の充実などが望まれることとなろう。

　これらをふまえ、合併をする場合にはメリットを拡大し、デメリットを低減するための政策を考え実行することが求められる。また、中央政府は、こうしたデメリットを解消するために、「特例法」によって、さまざまな財政措置や優遇措置を定めているのである。

(3) 合併の手続と法定協議会の役割

　国が合併推進のために1996年に定めた「市町村合併特例法」は、市町村合併を進めるための手続として、法定協議会の設置や新市建設計画をつくって合併後のまちづくりの構想や自治体行政のあり方を示すこととしている。したがって、合併をする場合、まずは法定協議会が新市建設計画を策定し、この計画を関係市町村の議会が議決することが必要である。さらに、都道府県議会の議決、知事の決定と国への届け出などがあり、これらを経て合併のプロセスが終わる。この中で重要なことは、法定協議会における議論がどのように行われるかということであり、そこにおいては、地域住民の参加が保障される必要がある。

　合併を検討する組み合わせが決まり、研究会ないしは任意の協議会による予備的な検討が行われたのち、議会の議決を経て法定合併協議会がスタートすることになるが、一般的に、法定協議会の基本的な協議項目は、以下のようなものである。まず当該の合併がどのような方式で行われるのか新市の名称がどうなるのか、事務所の位置として、合併後の本庁舎をどこにおくのか、また支所・出張所をどのように配置するのかなどである。また、合併の期日についても議論されるが、特例法の期限（2005年3月）もあったため、それを目処に決定される傾向が強かった。

　すでに見たような合併のデメリットを克服することが法定協議会における重要な課題である一方、合併のメリットを最大限拡大していくこと

を目指すのも、もう一つの大きな役割であるといえよう。合併による一般的なメリットは先に示したとおりであるが、一方で中央政府の合併推進方策には、多くの特例措置が合併のメリットをもたらすものとして提示されている。したがって、法定協議会ではこうした特例措置の恩恵が当該地域でどれだけ享受できるのかを探ることになる。

(4) 市町村合併に伴う財政的見通しと合併効果の確立

しかし、2005年に失効した旧合併特例法で準備されていた破格の財政措置[3]が、一部の自治体にモラルハザード（倫理観の欠如）をもたらしたのも事実である。とにかく、財政優遇措置があるうちに合併を進めようという「駆け込み合併」のみならず、もらえるものは全てもらっておこうという姿勢で合併協議に臨む自治体も少なくなかった。

合併特例債は、旧合併特例法の中では、もっとも規模の大きな財政支援措置であるといえる。これは、合併後10か年度は市町村建設計画に基づくとくに必要な事業の経費に合併特例債を充当（95%）し、元利償還金の70%を普通交付税で措置しようというものである。これによって、合併した自治体は、市町村建設計画で定めた事業に多額の資金を確保することが可能になるのであり、これを目当てに合併する自治体が増えても不思議ではない。

しかし、こうした合併特例債の無条件の受け入れと事業の執行は、同時に大きな自治体負担をもたらすものであるといえる。なぜなら、合併特例債も自治体の借金であることには変わりなく、他の補助金同様に「借金返済」に追われることに変わりはないからである。見通しがないまま合併特例を上限まで活用するとなると、後年度の負担が重くのしかかることは間違いない。

また、合併算定替えの特例は、合併後10年間にわたって、合併前の交付税算定が保障され、15年後を迎えるまでは合併算定替えが完了しないことを認めることになるが、これも明確な財政的な見通しを法定協議会で立てることなくしては、15年後に大変な財政的なしわ寄せを引き受けることになる。合併算定替えの特例や合併特例債は、合併後10

年にわたって、かなり財政規模を拡大することになるが、そのことは直ちに自治体の投資規模を拡大し、新規事業が展開されることを意味するのでないことは間違いない。あくまでも、行財政改革によって効率的な自治体運営が保障され、その結果生まれた財政的余裕の中で住民本位の行政施策を展開することができてこその合併である。議員任期の特例等によって、自らの任期を延長し、地位を守ろうとする自治体議員の姿勢も大きな問題である。

　このように市町村合併は、新設にせよ編入にせよ必ずいくつかの自治体の法人格が消滅することを意味するものである。それは一方で、政治的に構成された自治体政府が再編成されることを意味するし、地域の状況も大きく変わる可能性がある。しかし、合併のメリットとデメリットは表裏一体の関係にあるようにも思えるし、市町村合併をしたからといって、よいことばかりのはずはなく、合併そのものが豊かな住民生活を保障するものでもない。合併しただけでは分権自治体が生まれるとは限らないであろう。さらに、現状では合併したからといって、その結果生まれた自治体の規模は依然としてまちまちで、理想的な自治体規模というのも明確ではない。その意味では、合併はゴールではなくスタートであることを自覚し、どのような自治がそこにはぐくまれていくのかを考えることが大切なのではないだろうか。

3　自治体再編の今後と住民の自治

　第27次地方制度調査会が提出した「今後の地方制度のあり方に関する答申」には、全国の自治体関係者が注目した。この答申にはその後の市町村のあり方に関連して言及した二つの点で大きな特徴がある。一つは、小規模町村に対して、自治権の剥奪すらありうるとして、合併を行わなければ懲罰的な対応をとることも示唆したことであり、もう一つは、合併して規模が拡大した自治体について、地域自治組織の育成を求め、都市内分権を進めることを促していることである。とくに前者については、人口規模が明示されるのかどうかに注目が集まっていたが、答申は

人口1万人という数字を示して、これが合併しない場合には、都道府県が計画を策定して合併を勧告する旨を盛り込んだ。また、今後、合併しない自治体の事務を都道府県が代行するしくみについても検討するとして、合併圧力を強化する方向を示した。これについては、実際に都道府県中に「市町村合併推進審議会」を設け、さらなる合併枠組みを示すとともに、場合によっては合併推進の勧告を知事が行う場合も想定された。

　また、後者については、合併後の自治体において、地域自治組織を、①行政区的なタイプ、②特別地方公共団体、という二つの方法で設置することができるとし、①の場合には「基礎的自治体の一部として事務を分掌する」こととされ、②の場合には「基礎的自治体の事務で法令の義務づけのないもののうち当該自治組織の区域にかかる事務を処理する」などとすることによって、合併後の都市内分権を示唆して、役所が住民から遠くなることを防ぐ措置を講じたのである。これらは、合併特例法の改正によって具体化され、①地域自治区、②合併特例区として、法制度化された。さらに、合併を行わない自治体も含め、地方自治法の一般制度として地域自治区を設定することもできることとされ、地域自治強化や都市内分権への道が開かれたのである。

　こうした措置は、市町村合併の推進による市町村の大規模化時代に、それでも地方自治が損なわれないようにするためには、こうした地域自治が不可欠であることを示した点で、きわめて重要である。自治体の広域行政の進展とあわせて狭域の自治強化が不可欠であるということであり、今後の制度の運用や実態の調査が求められる。

　また、この答申で提起されたのが都道府県合併や道州制で、今後の課題としながらも、論点整理が行われた。これは、こうした市町村合併の推進による基礎自治体の再編成によって将来的に都道府県の再編成も不可避であるという認識の下、道州制も含めた可能性を論じており、これが第28次地方制度調査会において提出された「道州制のあり方に関する答申」に引き継がれた。道州制は、都道府県を合併することとは根本的に異なり、新たな広域自治体としての道州を設置し、これに中央政府のもつ権限や財源を大胆に委譲して、地方分権の「確かな担い手」を創

設しようというものである。基礎自治体のあり方を「総合行政主体」として根本的に見直すとともに、都道府県体制の改革も視野に入れ、道州制への移行も含めた大幅な地方自治制度改革を行うことになるのかどうか、今後の動向が注目されるところである。

　以上見てきたように、市町村合併や道州制の導入という大規模な制度改革が進められ、自治の姿は大きく変わりつつあるように思われる。しかし、一方で、住民に最も身近な行政は身近な自治体で実施することを基本とした地方分権の理念、ひいては地方自治の理念はなんら有効性を失ってはおらず、制度改革もそれらを土台として築き上げられねばなるまい。本書で見てきたように、地方自治の課題は多岐にわたっており、検討すべき課題は多い。しかし、こうした地方自治の営みが、ますます地域住民の生活に直結し、人々の安全・安心を守ることに寄与できなくてはならないだろう。本章で見てきた自治体の再編成をめぐる動きは、こうした視点からも国の形に直結する問題なのである。

〈注〉
(1) 牛山久仁彦「市町村の合併と連合」法学新報100巻5・6号、同『戦後市町村合併の経緯と課題』都市問題90巻3号参照。
(2) 2000年4月に施行された改正地方自治法は、その第1条の2第1項において、自治体（地方公共団体）を、「地域における行政を自主的かつ総合的に実施する役割を広く担うもの」と規定しているが、分権推進委員会中間報告をはじめ、くりかえし改革推進の過程で用いられる「総合的」という言葉の意味するところは、複雑である。基本的には、改革に伴う権限委譲によって生じる自治体の自己決定権の拡大を意味するが、それはあくまでも従来通り「行政主体」であって「統治主体」を前提としたものではない。ただし、「今時改革を全体的に見れば、自治体を限りなく「統治主体」に近づける方向性を有するもの」であり、「改革の方向性を左右する統治主体の理論化は重要な課題として残されている」（佐藤英善編著『新地方自治の思想——分権改革の法としくみ』2002年、敬文堂、30頁）。分権推進委員会では、中間報告などこの問題について活発な議論を展開したが、結果的には、こうした総合行政の主体として市町村を位置づけることが、分権の「受け皿」として合併を誘引する結果になっている。
(3) 市町村合併の推進にあたり、中央政府は合併特例法（市町村の合併の特例に

関する法律）に基づいてさまざまな合併支援方策を打ち出してきた。数次にわたる改正で、その内容は変化してきているが、1995年4月から2005年3月までの期間施行された合併特例法においては、合併特例債や合併算定替えの特例のほか、各省庁、都道府県による支援を含めて、大規模な財政支援が行われ、市町村合併のメリットを強化する役割を担った。

参考文献

■第1章
- 村上順『日本の地方分権』2003年、弘文堂

■第2章
- 村上順「政策法務の諸潮流」占部裕典・北村喜宣・交告尚史『解釈法学と政策法学』2005年、勁草書房
- 村上順「自治体法学・条例法学の成立」兼子仁先生古稀記念論文集『分権改革と自治体法学』2007年、勁草書房
- 村上順「政策法務の時代と徳島市公安条例判決」明治大学公共政策大学院紀要「ガバナンス研究」第3号（2007年）

■第3章
- 神野直彦『財政学（改訂版）』2007年、有斐閣
- 神野直彦・池上岳彦編『地方交付税　何が問題か』2003年、東洋経済新報社
- 星野泉・小野島真著『現代財政論』2007年、学陽書房
- 星野泉『分権型税制の視点』2004年、ぎょうせい

■第4章
- 今川晃『自治行政統制論への序曲──住民は何を統制できるか』1993年、近代文藝社
- 今川晃編著『行政苦情救済論』2005年、社団法人全国行政相談委員連合協議会
- 今川晃・山口道昭・新川達郎編著『地域力を高めるこれからの協働──ファシリテータ育成テキスト』2005年、第一法規
- 今村都南雄編著『現代日本の地方自治』2006年、敬文堂
- 佐藤竺監修・今川晃・馬場健編著『市民のための地方自治入門（改訂版）』2005年、実務教育出版

- 佐藤竺『地方自治と民主主義』1990 年、大蔵省印刷局

■第 5 章
- 佐藤滋著・日本建築学会編『まちづくりの方法』2004 年、丸善
- 林泰義編著『市民社会とまちづくり』2000 年、ぎょうせい
- 石田頼房『日本近現代都市計画の展望』2004 年、自治体研究社
- 小林重敬編著『分権時代のまちづくり条例』1999 年、学芸出版社
- 田村明『まちづくりの発想』1987 年、岩波書店

■第 6 章
- 大橋謙策『地域福祉』1999 年、放送大学教育振興会
- 大森彌『地域福祉と自治体行政』2002 年、ぎょうせい
- 渋川智明『福祉 NPO——地域を支える市民起業』2001 年、岩波書店
- 島津淳・鈴木真理子『地域福祉計画の理論と実践——先進地域に学ぶ住民参加とパートナーシップ』2005 年、ミネルヴァ書房
- 武川正吾『地域福祉計画——ガバナンス時代の社会福祉計画』2005 年、有斐閣

■第 7 章
- 宇都宮深志『環境行政の理念と実践－環境文明社会の実現をめざして』2006 年、東海大学出版会
- 大塚直編著『地球温暖化をめぐる法政策』2004 年、昭和堂

■第 8 章
- 大森彌・上田紘士『分権時代の自治体職員④組織の開発と活性化』1998 年、ぎょうせい
- 久世公堯『地方自治制度（第 5 次改訂版）』2002 年、学陽書房
- 佐藤俊一『地方自治要論』2002 年、成文堂。
- 佐藤英善編著『新地方自治の思想』2002 年、敬文堂
- 高寄昇三『地方自治の行政学』1998 年、勁草書房
- 土岐寛・平石正美・石見豊『地方自治と政策展開』2003 年、北樹出版
- 西村清司編『新時代の地方自治⑦人材育成と組織の革新』2002 年、ぎょ

うせい
- 昇秀樹『新時代の地方自治』2001 年、東京法令出版

■第 9 章
- 大嶽秀夫『高度成長期の政治学』1999 年、東京大学出版会
- 大森彌編著『分権時代の首長と議会』2000 年、ぎょうせい
- 辻山幸宣・今井照・牛山久仁彦編『自治体選挙の 30 年』2007 年、公人社
- 西尾勝編著『自治体デモクラシー改革』2005 年、ぎょうせい
- 村松岐夫『地方自治』1988 年、東京大学出版会

■第 10 章
- 地域企業経営研究会編『最新地方公社総覧　2002』2003 年、ぎょうせい
- 佐藤竺監修・今川晃・馬場健編著『市民のための地方自治入門（改訂版）』2005 年、実務教育出版
- 内閣府公共サービス改革推進室編『詳解公共サービス改革法』2006 年、ぎょうせい
- 稲沢克祐『自治体の市場化テスト』2006 年、学陽書房
- 内藤滋・宮崎圭生編著『PFI の法務と実務』2006 年、金融財政事情研究会

●執筆者紹介〈五十音順〉　　*印は編者

*今川　　晃（いまがわ・あきら）　　同志社大学政策学部教授
　　▷第4章
　今里佳奈子（いまさと・かなこ）　　熊本県立大学総合管理学部教授
　　▷第6章
　入江　容子（いりえ・ようこ）　　愛知大学法学部准教授
　　▷第8章
*牛山久仁彦（うしやま・くにひこ）　　明治大学政治経済学部教授
　　▷第9章、終章
　内海　麻利（うちうみ・まり）　　駒澤大学法学部准教授
　　▷第5章
　小島　　聡（こじま・さとし）　　法政大学人間環境学部教授
　　▷第7章
　星野　　泉（ほしの・いずみ）　　明治大学政治経済学部教授
　　▷第3章
　前田　成東（まえだ・しげとう）　　東海大学政治経済学部教授
　　▷第10章
*村上　　順（むらかみ・じゅん）　　明治大学公共政策大学院教授
　　▷第1章、第2章

分権時代の地方自治

2007年 8 月20日　第 1 刷発行
2010年10月20日　第 2 刷発行

編者	今川　　晃
	牛山　久仁彦
	村上　　順

発行者　株式会社　三省堂
　　　　代表者　北口克彦

発行所　株式会社　三省堂
〒101-8371　東京都千代田区三崎町二丁目22番14号
　　　　電話 編集　(03)3230-9411
　　　　　　 営業　(03)3230-9412
　　　　振替口座　00160-5-54300
　　　　http://www.sanseido.co.jp/
　　　　Printed in Japan

©A. Imagawa, 2007

落丁本・乱丁本はお取替えいたします。〈分権時代の地方自治・240pp.〉
ISBN 978-4-385-32282-7

[R]本書の全部または一部を無断で複写複製（コピー）することは、著作権法上での例外を除き、禁じられています。本書からの複写を希望される場合は、日本複写権センター（03-3401-2382）にご連絡下さい。